AF464560

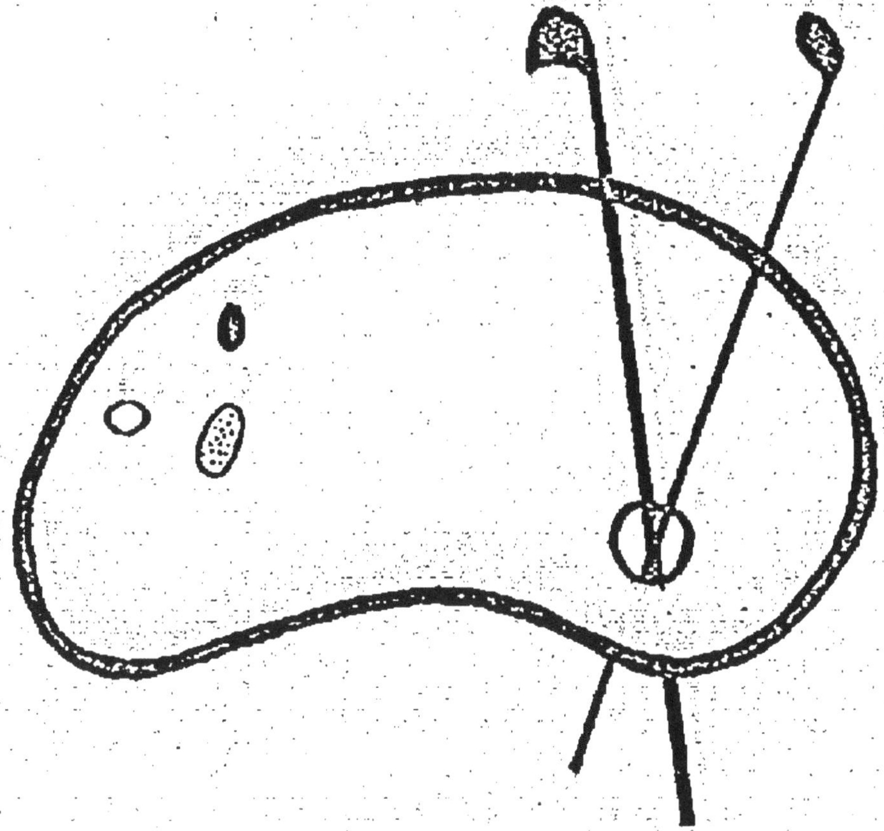

MINISTRES ET HOMMES D'ÉTAT

BISMARCK

PAR

H. WELSCHINGER

Paris, FÉLIX ALCAN, éditeur, 1900.

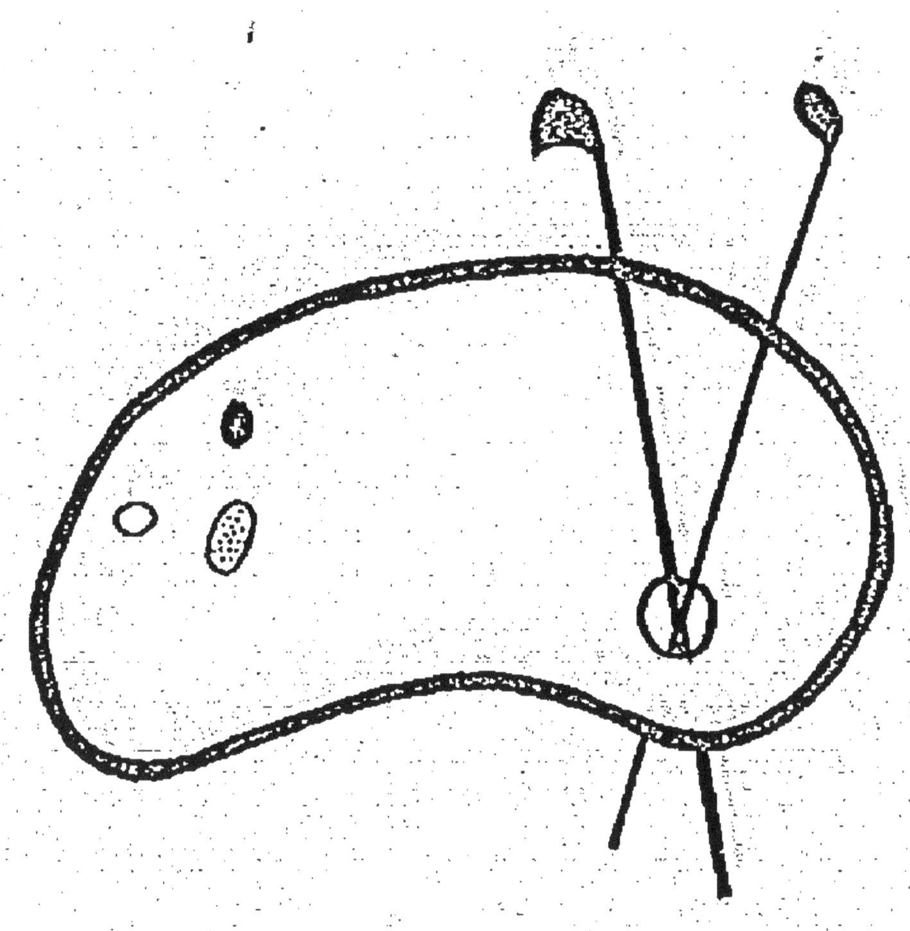

FIN D'UNE SERIE DE DOCUMENTS
EN COULEUR

BISMARCK

MINISTRES ET HOMMES D'ÉTAT

Biographies des hommes d'État : souverains et ministres, qui ont joué un rôle prédominant dans la formation du monde politique contemporain.

La première série comprendra :

FRANCE. . . — **Jules Ferry**, par *A. Rambaud*, de l'Institut.
ALLEMAGNE. — **Bismarck**, par *Henri Welschinger*.
ANGLETERE. — **Gladstone**, par *F. de Pressensé*.
— — **Disraëli**, par *Maurice Courcelle*.
AUTRICHE. . — **Metternich**, par *Christian Schefer*.
RUSSIE.. . . — **Alexandre II**, par *Paul Boyer*.
ESPAGNE. . . — **Prim**, par *Léonardon*.
PAPAUTÉ. . . — **Léon XIII**, par *A. Leroy-Beaulieu*, de l'Institut.
ÉTATS-UNIS. — **Abraham Lincoln**, par *Achille Viallate*.
JAPON. . . . — **Okoubo**, par *Maurice Courant*.

MINISTRES ET HOMMES D'ÉTAT

PAR

HENRI WELSCHINGER

« ... Par le fer et par le sang! »
(Discours de Bismarck à la commission du Budget,
le 30 septembre 1862).

PARIS
ANCIENNE LIBRAIRIE GERMER BAILLIÈRE ET Cie
FÉLIX ALCAN, ÉDITEUR
108, BOULEVARD SAINT-GERMAIN, 108

1900

I

LA PRUSSE DE 1786 A 1862

L'homme, qui devait être le fondateur de l'Empire allemand, avait remarqué, lorsqu'il sortit de Schönhausen pour prendre une part active et décisive à la politique de son pays, que la Prusse n'avait pas montré de véritables tendances nationales depuis la mort du grand Frédéric. En effet, ce n'était pas seulement la continuation des conquêtes et l'agrandissement du territoire prussien que Frédéric II avait légués à ses successeurs, c'était surtout la solution de ce redoutable dilemme : ou disparaître de l'Allemagne ou en écarter à jamais l'Autriche. Or, après lui, les souverains et hommes d'État de la Prusse, ne pensant qu'à des acquisitions territoriales, avaient paru négliger la question primordiale, c'est-à-dire celle de l'hégémonie prussienne en Allemagne. Saisi d'un vaste orgueil pour sa patrie, Bismarck voulait qu'elle se révélât à l'Europe et se mît en vedette avec une forte armée capable d'établir et de fonder l'unité allemande. Il disait : « Pour être reconnue, il faut avant tout à une grande puissance la conviction et le courage de s'affirmer comme telle », car l'attestation complaisante des autres États à cet égard lui paraissait non pas un avantage, mais une sorte d'offense.

Moins indulgent que l'historien Ranke, Bismarck avait constaté que de 1786 à 1806 un orgueil stérile et une malheureuse incohérence d'idées chez les gouvernants avaient conduit le royaume de Prusse à la décadence, puis à la ruine. Sans doute, Frédéric-Guillaume II avait été un prince bienveillant et généreux, mais d'une faiblesse et d'une inconstance rares. Au lieu de commettre la faute de congédier Hertzberg, il eût dû utiliser la haine perspicace de ce ministre contre l'Autriche. Mais, ne supportant que des conseillers médiocres autour de lui, dupe trop crédule d'intrigants et d'aventuriers, ce monarque n'avait eu ni l'audace ni l'adresse suffisantes pour profiter des embarras de l'Autriche alors menacée par la Russie. Il avait eu le tort de se désintéresser des affaires d'Orient par la convention néfaste de Reichenbach. Ennemi de la Révolution française, il avait cru bien faire en s'unissant contre elle à l'Autriche, puis, après les premiers revers, il s'était séparé de son alliée et avait accepté le traité de Bâle qui abandonnait les provinces rhénanes à la France jusqu'à la paix définitive. Il avait pensé trouver une compensation à cet échec en partageant avec Catherine II la Pologne dont il avait paru d'abord être l'appui, mais il laissa en somme la réputation d'un monarque indécis, superstitieux, faible et sensuel, ayant échoué dans presque toutes ses tentatives de réformes. Bismarck ne condamnait pas absolument le traité de Bâle, car il lui semblait aussi difficile de rester l'allié de l'Autriche d'alors avec ses Thugut, ses Lehrbach et ses Cobenzl que de l'Autriche en 1850, mais il déclarait que l'on avait commis « une bêtise insigne » en ne saisissant pas plus tard, en 1805, l'occasion d'entrer en lice rapidement et de lutter jusqu'au dernier souffle pour détruire la prépondérance de la France, ce qui, on peut le dire, n'eût pas été aussi facile qu'il le pensait.

Le timide Frédéric-Guillaume III donna quelques années de repos à son pays. Grâce au premier Consul qui accomplissait alors ce que les Allemands eux-mêmes appelaient « *eine göttliche mission* », ce roi porta un coup violent à l'influence autrichienne catholique en favorisant la sécularisation des domaines ecclésiastiques de la rive gauche du Rhin. Ayant consenti à reconnaître les conquêtes de la France en Italie, il obtint en récompense Paderborn, Hildesheim, Erfurt et autres domaines allemands. Une alliance sincère avec la France aurait pu lui assurer le Hanovre, mais sa politique perfide attira sur son royaume les foudres impériales. En quinze jours Napoléon était à Potsdam et la Prusse, ramenée subitement aux limites de 1792, redevenait une puissance de troisième ordre.

Mais elle ne se découragea pas. Elle sut mettre à profit ces terribles leçons et prit sa revanche en 1813 et en 1815. Alors son ambition se réveilla et devint telle qu'elle effraya l'Autriche, qui se rapprocha secrètement de la France et de la Russie. Dans le morcellement de l'Europe, la Prusse obtint le duché de Posen, des fragments importants de la Saxe qu'elle aurait voulue tout entière, la Westphalie et une partie de la rive gauche du Rhin. Une Diète fédérale fut organisée en Allemagne sous la présidence perpétuelle de l'Autriche, ce qui devait donner lieu à de graves conflits et amener une scission définitive. Après les Cent Jours, la Prusse acquit encore, avec cent quarante-cinq millions d'indemnité personnelle, des parcelles du territoire français et le droit de garnison dans les duchés de Mayence et du Luxembourg. C'était bien, mais pour son appétit formidable, ce n'était pas encore assez. Bismarck en convient et regrette que son pays, à cette époque, ait été si peu favorisé. « L'importance matérielle de la Prusse, dit-il, ne correspondait pas alors à son importance intellectuelle et à l'effort énorme qu'elle avait fourni dans les guerres de l'indépendance. »

On sait aujourd'hui quels étaient les vrais désirs de la Prusse. La terrible carte qu'Alexandre Ier montra au duc de Richelieu a fait connaître jusqu'où allait son avidité. Or, Bismarck croyait pouvoir affirmer qu'avec des chefs plus intraitables et un roi moins faible, la Prusse aurait tout obtenu. Aussi, mécontent de son sort, il ne voulut pas lui reconnaître jusqu'aux triomphes de 1866 le titre de grande puissance. Si elle semblait l'être pour certains, elle ne l'était pour lui à ce moment que — je cite son mot piquant, — *cum grano salis*. Suivant cet esprit aussi mécontent qu'insatiable, l'histoire de la Prusse, dans les cent dernières années, ne représentait « qu'une série d'occasions manquées ».

Cependant, la Prusse avait cru suivre de bien près la politique même de Frédéric le Grand, c'est-à-dire la conquête par la force et par la ruse. Sans se soucier le moins du monde des serments et des principes, habile à fomenter chez ses voisins des divisions intestines et à en profiter, ignorant tout scrupule et tout remords, traitant les hommes et les choses avec la froideur du savant et la logique du mathématicien, elle avait entrepris d'écarter tout ce qui pouvait faire obstacle à l'extension de sa puissance territoriale. Mais ce que Bismarck appelait » occasion manquée », c'était encore une fois de n'avoir pas établi au moment favorable l'hégémonie prussienne en Allemagne.

Il importe toutefois de remarquer que Bismarck dépréciait de parti pris tous les prédécesseurs de Guillaume Ier en exagérant leur inertie et leur incapacité. En effet, dans la seconde partie de son règne, Frédéric-Guillaume III avait eu des heures assez belles. Outre les succès militaires et les avantages territoriaux de 1813 à

1815, la Prusse s'était signalée au monde par des gloires littéraires, philosophiques et scientifiques de premier ordre. Schiller, Gœthe, Schelling, Hegel, Herder, Kant, Humboldt avaient acquis une renommée universelle. De plus, la puissance industrielle et commerciale de la Prusse s'était affermie par l'effet du Zollverein. Il est vrai que Frédéric-Guillaume IV, dont les premières mesures avaient paru répondre aux tendances libérales de ses sujets, faillit perdre la monarchie par son absolutisme et son arbitraire. Son opposition systématique aux libertés nécessaires devait amener les troubles de Berlin qui répondaient aux soulèvements de Francfort, de Hambourg, de Brême et d'autres villes allemandes, provoqués par la Révolution de 1848. L'administration était sans force et naturellement sans autorité. La faute en revenait au roi qui couvrait trop facilement l'irresponsabilité et les compromis des divers agents du pouvoir. D'autre part, ces agents, s'ils eussent voulu se montrer, sentaient qu'ils n'avaient pas de direction suprême et leur action, pour le plus grand détriment de l'État, était flottante, irrésolue. Le seul remède à une telle situation était un chef qui sût commander et se faire obéir. C'est ce que voulut être Bismarck. Ayant étudié les événements, connaissant déjà les hommes et la manière de les conduire, il savait que la véritable responsabilité dans la grande politique ne peut appartenir qu'à un ministre unique et dirigeant.

Aussi était-il bien décidé, si jamais la fortune lui ouvrait les portes du pouvoir, à n'y entrer qu'avec un monarque fermement résolu à continuer les grands desseins de Frédéric II et à faire avec lui, en évinçant l'Autriche, l'unité allemande.

Avant d'examiner comment le hobereau de Schönhausen est arrivé, de par sa volonté, à être le directeur de la nouvelle politique prussienne et l'homme le plus remarquable de son temps, essayons de voir, par les portraits qui nous restent de lui et par l'observation minutieuse de son caractère, quelle idée on doit, en définitive, se faire du prince de Bismarck.

II

BISMARCK

Le portrait physique de cet homme mérite en effet une étude attentive et il me semble fort intéressant d'en suivre les diverses transformations.

Adolescent, il a une chevelure blonde, abondante et un peu folle, un regard mélancolique et profond, le nez régulier aux narines arquées, la bouche bien dessinée, mais le menton proéminent et disgracieux. A vingt-trois ans, la stature est haute et imposante, la tête a pris un air mâle et décidé, la moustache est brune, l'œil d'un gris bleu hardi. A quarante ans, c'est le Bismarck diplomate à la coiffure correcte, au regard ironique, à la moustache forte, aux traits accentués. Le col est entouré d'une large cravate blanche sous laquelle pend une croix de commandeur. Sur la poitrine luit une étoile de diamants. Quelques années après, c'est l'ambassadeur à Paris, aux cheveux devenus rares, à la moustache plus épaisse, à l'air roide et sec qu'il gardera jusqu'à la fin, aux paupières plissées et au front vaste où percent déjà quelques rides. Président du Conseil, pour accentuer son air autoritaire, il force encore la dureté naturelle de son regard. Sa bouche sarcastique se cache sous la moustache au pli militaire, et un sillon impérieux s'est creusé entre les sourcils touffus. Au moment de la guerre de 1866, Bismarck, qui tient à faire partie de l'armée active, s'est coiffé du casque à pointe et porte la moustache et les favoris à la russe. La figure s'est empâtée, l'œil est devenu plus interrogateur et plus dur. Le portrait de Heynen, au musée des Hohenzollern à Berlin, le montre avec la petite tenue des cuirassiers de Magdebourg, fier, robuste, menaçant. Quatre ans après, au lendemain de Sedan, il porte sur son visage l'orgueil et l'arrogance du succès. A côté du maréchal de Moltke, qui est comme la reproduction effrayante de la Mort d'Holbein, il affecte un air cruel et, la main sur le sabre, semble dicter d'impitoyables lois. Tous ses portraits, jusqu'au moment où il sera contraint de donner sa démission, le représentent avec l'uniforme. Depuis qu'il l'a adopté pour vêtement habituel afin d'imposer plus de respect — ce qui est naturel dans une monarchie militaire, — et afin de ménager son temps, il prend des allures guerrières qui conviennent d'ailleurs à sa rude personne et à son type de vieux reître. La moustache s'épaissit encore, les sourcils se hérissent, le regard se durcit, les poches s'accentuent sous les yeux, le menton se double, les mâchoires sont plus saillantes. A soixante-huit ans, avec la casquette d'ordonnance et la barbe blanche, l'uniforme un peu déboutonné, l'œil sévère, il fait penser à un vieil officier interrogeant des sous-lieutenants intimidés. Le voilà, deux ans après, assis dans un fauteuil, le buste très haut, les jambes enfoncées dans des bottes immenses, la main sur le sabre, la poitrine ornée de la simple croix de fer et toujours avec le même regard dur et inquisiteur.

Antoine de Werner va le surprendre chez lui lisant, la pipe à la bouche, le *Gaudeamus* de Scheffel. Le peintre a parfaitement rendu dans le profil l'air jovial qui anime tout à coup et transforme cette figure ordinairement revêche et hautaine. Maintenant, le même artiste nous le présente de face, la figure toute ridée, les yeux gros et fixes, l'aspect sombre et sévère. Puis le chancelier apparaît, dans son palais austère de la Chancellerie, assis à sa table de travail. Sa grande stature et sa figure blanche dominent les papiers et les livres et donnent l'impression d'un fantôme effrayant. Son dogue Tyras, le *Reichshund,* est couché à ses pieds. Puis, dans une autre toile, Bismarck se montre pâle et rigide, la face ridée, la moustache tombante, mais le regard toujours fier et toujours absolu.

Au lendemain de sa disgrâce, on le voit à cheval, en vêtement noir, un grand feutre sur la tête, et inspectant avec autorité et complaisance le vaste domaine qui s'étend devant lui. Le peintre de Lenbach est devenu son ami et en donne de vivantes effigies. Celle qui se trouve à la Galerie nationale à Berlin m'a frappé. L'ancien chancelier est debout, très roide, sanglé dans une longue redingote, la main gauche appuyée sur un fauteuil, la main droite tenant le chapeau de feutre noir. Sa grosse figure cuivrée, au front tourmenté et comme labouré par des balles, sort d'un col rond très large, entouré sans art d'une cravate blanche à plusieurs plis. Les yeux sont brillants comme des clous d'acier. Bismarck regarde droit devant lui, avec un air de ténacité et d'orgueil suprêmes. Il manifeste le sentiment absolu de sa supériorité et il tient à ce qu'on s'en aperçoive. Le peintre a compris et rendu le caractère entier de cet homme. Cependant, Bismarck s'adoucissait pour lui. « Il me prend à bras le corps, a dit Lenbach à un critique d'art, W. Wyl, et m'embrasse quand j'arrive et quand je pars. Je suis comme l'enfant de la maison, grâce à l'amitié que me portent tous les membres de la famille ; mais, quant au prince, le lien qui existe entre nous se réduit à ceci : qu'il ne me regarde pas tout à fait comme un imbécile, que je suis discret et que d'ailleurs je ne le gêne en rien. Pour ce qui est de mon travail, il ne s'y intéresse pas le moins du monde et m'adresse à peine de loin en loin une question, tandis que moi, si cela lui allait, je le questionnerais sans trêve et l'écouterais jour et nuit, car il est plus intéressant à mes yeux que n'importe qui sur terre... Bismarck a maintenant une dignité douce qu'il n'avait pas autrefois. C'est aussi la seule marque de son grand âge qui se laisse voir en lui, car ses sens, surtout l'ouïe et la vue, sont excellents, et il marche droit comme un I. » A ces observations prises sur le vif et qu'il faut garder, on peut seulement objecter que le peintre n'a pas voulu rendre « la dignité douce » de son modèle, car il n'en retient, comme ses prédécesseurs, que les côtés durs et sévères.

« Je suis de ceux, continue Lenbach, dont le prince n'a pas à se préoccuper et devant lesquels il n'a pas à se gêner. Ah ! si j'étais un grand politique, un vieux diplomate, un chef de parti, il y aurait des points de contact entre nous. *On doit avoir quelque chose à lui offrir si on veut qu'il s'occupe de vous.* Mon art l'intéresse aussi peu que possible. Il n'a pas d'amis au sens habituel du terme. Il prend les hommes pour ce qu'ils lui donnent, mais il est cordial, bon et affable envers tous. Ainsi, il reste un isolé avec son infatigable travail de cerveau, comme une presse qui roule sans fin et qui n'a plus de papier à imprimer. » Ces traits, notés par un artiste éminent, complètent la physionomie de Bismarck et le font voir tel qu'il était.

Deux ans après, Lenbach reproduisait son terrible modèle avec le casque de cuirassier et son uniforme, portant la grande capote grise et la croix de fer, avec des yeux où ne se lisait certes pas une dignité douce, mais la colère et la haine. C'est un portrait effrayant, le plus effrayant de tous, où semble se manifester à nouveau les regrets ardents d'une disgrâce inattendue et le désir de se venger cruellement de ses ennemis. La même expression anime un autre portrait où l'artiste a voulu décrire le gentilhomme campagnard. La tête couverte d'un vaste feutre, la moustache ronde et blanche, le front ridé, le col à l'aise dans une cravate flottante, les mains croisées sur une grosse canne, Bismarck a là encore je ne sais quoi d'inquiet, de fatal et de méchant. Enfin, le voici dans ses derniers jours, tel que le représentent les artistes de l'admirable album, *Unser Bismarck*, accueillant avec le sourire attristé d'un homme qui sait sa fin prochaine les dernières députations venues à Friedrichsruh et qui, après les discours et les hommages, ne trouve que ce mot à dire : « Je voudrais bien que cela fût fini ! »

Mais regardez-le à tout âge, voyez-le dans tous ses portraits à Munich, à Berlin, à Schönhausen, à Friedrichsruh, à Varzin, contemplez-le dans ses statues à Cologne, à Hambourg, à Leipzig, dans ses bustes à Berlin et dans les autres villes allemandes, c'est toujours la même physionomie dure, sévère, implacable. Il semble que chaque fois qu'il a été obligé de poser devant un artiste, il a voulu montrer, sous les traits naturellement rigides de son visage, l'âme indomptable de celui qui imposait aux peuples et aux rois, qui déchaînait par sa seule volonté la guerre et ses horreurs sur l'Europe, qui taillait et partageait les États à son gré. Jusque dans les derniers portraits qu'il a laissés de lui, il a tenu à intimider, à effrayer. Il était ravi de sa réputation d'ogre et il cherchait à la justifier.

C'est l'attitude qui apparait surtout dans celui des portraits de Lenbach, qui figure en tête des *Pensées et Souvenirs* du prince. On y voit Bismarck drapé dans une longue redingote boutonnée jusqu'au cou, les mains croisées derrière le dos, le torse faisant saillie, la tête haute, la physionomie âpre et orgueilleuse, le front large et hautain, les sourcils crispés, les yeux ironiques et dominateurs, les lèvres fortes, le menton avancé, l'encolure puissante. Sur l'ensemble plane une affectation de sévérité et de morgue sarcastique. Détail curieux, le prince a pris l'aspect des grands dogues, ses compagnons. Comme eux, il a le front large, les yeux ronds, le poil ras, le cou épais et lourd, la mâchoire inférieure saillante. Comme eux, il garde jalousement « sa maison ». Comme eux, il empoigne et ne lâche jamais... Tel est le Bismarck des peintres et des statuaires. Pourtant, la vraie grandeur, la vraie puissance n'a pas besoin de ces airs farouches. Considérez par exemple l'effigie du cardinal de Richelieu, soit dans le tableau de Philippe de Champaigne, soit dans le buste de Coysevox au Louvre, soit dans le mausolée de Girardon en l'église de la Sorbonne. La physionomie du grand homme d'État, fine et pensive, est empreinte, elle aussi, d'une souveraine sévérité, mais elle n'a ni la morgue ni l'arrogance ni la férocité voulues des traits du chancelier allemand. Et cependant elle inspire une admiration plus grande, une émotion plus pénétrante et plus durable.

Les qualités et les défauts de celui qu'on a justement appelé le chancelier de fer dépassent, comme sa stature physique, les qualités et les défauts des autres hommes.

A la profondeur et à la souplesse de l'esprit, à la justesse aiguë du coup d'œil se joignaient chez lui une volonté et une vigueur d'action réellement surprenantes. Confiant dans son intelligence et dans son audace, dans la force et le succès de ses entreprises, doué d'une puissance énorme de travail, constant et ferme dans les résolutions qu'il avait préparées par l'étude et par la patience, n'abandonnant rien au hasard, sûr du présent et même de l'avenir, il faisait, quoi qu'il fût d'un tempérament fougueux, preuve d'un équilibre moral et d'un calme prodigieux. La confiance absolue en soi détermine sûrement la confiance des autres. Au milieu des embarras, des écueils et des périls, il savait se mouvoir avec une adresse qui déconcertait ses adversaires. Artiste et comédien raffiné, metteur en scène de premier ordre, affranchi de ce que le sceptique Nietzsche appelle « la niaiserie allemande », il jouait les grands rôles sur une scène très en vue et faisait mouvoir ses partenaires ou ses comparses dans le sens qu'il voulait, avec une incroyable dextérité.

Habitué à être obéi sur un mot, sur un geste, il ne laissait aucune affaire en souffrance, sachant bien que la journée était perdue s'il restait encore quelque chose à faire. Occupant ses collaborateurs à la Chancellerie, de midi à six heures et de neuf heures à minuit, à un labeur opiniâtre, il les mandait à tout instant, les interrogeait en hâte et s'étonnait de n'avoir pas encore reçu le travail dont il venait de les charger. Pris souvent d'impatience fébrile au milieu du torrent des affaires, il mettait ses nerfs à nu et déchirait sans pitié ceux de ses subordonnés. Il leur demandait de résumer en quelques minutes la substance considérable d'un dossier et de faire, comme il en avait lui-même l'habitude, ce résumé en peu de lignes précises et claires. Il dictait avec une rapidité qui rendait sa parole difficile à suivre pour d'autres que ses quatre secrétaires si habiles, Lothar Bücher, Moritz Busch, Abeken et Tiedemann. Sans cesse le crayon en main, il annotait des journaux et des brochures avec une vivacité et une sûreté de jugement extraordinaires.

Aristocrate de naissance, de conviction et de tempérament, radical et révolutionnaire par occasion seulement, il était, comme tout vrai Prussien (*Stockpreusse*), dévoué corps et âme à son Roi et surtout à la Prusse. Ennemi des idées modernes, ennemi plus acharné encore de l'anarchie dans le peuple et de la faiblesse dans le pouvoir, il considérait l'autorité gouvernementale comme l'émanation directe de l'autorité divine. Une grande et forte Prusse lui convenait plus qu'une grande Allemagne et toute sa politique peut se résumer en ces quelques mots : faire l'unité de l'Allemagne et la maintenir sous la domination suprême de la Prusse.

Ses idées et ses vues étaient fortes, simples et claires, sa logique brutale, ses expressions originales et précises, son art de provoquer ou de se dérober pareil à celui d'un maître d'armes qui à de brusques dégagements fait succéder des feintes habiles. Son adresse à calculer les probabilités et à faire des opérations, je ne dis pas irréprochables mais exactes, à faire naître des incidents et à les utiliser pour sa politique, tout en se défendant de le faire, était vraiment inouïe. Pénétrant et sondant les cœurs, découvrant les côtés forts et surtout les côtés faibles, ayant acquis au métier de diplomate, en même temps que le mépris des hommes, la connaissance de leur nature intime, de leurs passions ou de leurs moindres défauts, sachant avec une rare finesse flatter et mater les plus adroits, attaquant énergiquement alors qu'il paraissait seulement se défendre, il était aussi fort tacticien en politique qu'un Moltke en stratégie. Attirant à lui et enchainant ceux que l'ambition et l'intérêt devaient transformer en ses esclaves, maniant le Landtag, le Reichstag et le Bundesrath avec une virtuosité inconnue des Allemands, mettant aux prises les assemblées et se jouant des unes et des autres, arrivant quelquefois à leur donner l'illusion de leur indépendance, faisant de ses collègues du ministère des fonctionnaires et des sous-ordres, il l'emportait en habileté et en maîtrise sur Machiavel lui-même. « Les sots, a-t-il dit, prétendent qu'on n'apprend qu'à ses dépens; moi j'ai fait en sorte d'apprendre aux dépens des autres ».

Aussi, était-il fier de sa supériorité et l'exagérait-il parfois. Rudoyer des députés, des ambassadeurs et des personnages de tout rang, donner des ordres à des généraux comme s'ils eussent été de simples sous-lieutenants, mettre ses meilleurs amis en demeure d'opter à la minute entre ses faveurs ou ses ressentiments, tenir tête à des princes, à des reines et à des princesses, dompter une presse rebelle, faire des journalistes ses espions et ses agents, lutter opiniâtrément contre mille adversaires, c'était sa vie. Mieux que tout homme d'État, il connaissait et utilisait les ressources de la politique et de la diplomatie qui sont plus inépuisables que les roueries et les chicanes de la procédure.

Il avait emprunté au grand Frédéric, dont il avait étudié soigneusement la vie et les actes, l'activité infatigable dans la paix et dans la guerre, le culte de la raison d'État et de la force, les procédés violents, le fer et le feu, pour mettre les peuples à la raison, l'art d'écraser les faibles et de ravir leurs dépouilles avec l'approbation ou le silence des puissances intimidées, l'oubli volontaire de la parole donnée.

Du style frédéricien, mordant et spirituel, il n'avait retenu que les expressions précises et autoritaires qui tranchaient comme d'un coup de sabre les plus inextricables difficultés. Cependant, doué d'une imagination vive que n'avaient point ses compatriotes du Brandebourg, Bismarck aimait aussi les images fortes, les ripostes nettes, les saillies brutales, les mots familiers et pittoresques qui donnent un tour original à la pensée, les mots qui se gravent et qui restent. Il citait au hasard de sa mémoire Horace, Dante, Gœthe, Shakespeare, Schiller, Heine et même Alphonse Karr. Il avait retenu cette déclaration de Napoléon à Sainte-Hélène : « Si le Ciel m'eût fait naître prince allemand, j'eusse gouverné infailliblement les trente millions d'Allemands réunis... Après ma mort, il n'y aura en Europe d'autre grand équilibre possible que l'agglomération et la confédération des grands peuples. » Cette prophétie du vainqueur de la Prusse, il avait voulu la réaliser. Il avait conçu, à son exemple, le goût des vastes ambitions et il avait tenu à justifier la vieille devise des Bismarck : « *Noch lange nicht genug* » qu'on peut traduire par ces deux mots effrayants : « Jamais assez ! »

Pour arriver à la réalisation de ses immenses desseins, il avait eu soin, quoiqu'il crût sincèrement en un Dieu, de se débarrasser du fardeau de la morale, gênant d'ailleurs pour tout politique. Il déclarait sans vergogne que chaque homme était à acheter ou à vendre, pourvu qu'on sût y mettre le prix. Sceptique et cynique, superbe et impudent, tantôt violent et impétueux, tantôt bonhomme et paisible, affectant même la simplicité et la naïveté, ayant l'air de prendre le Reichstag pour son confident et de lui livrer ses secrets comme Gœthe à Eckermann, ne disant pourtant que ce qu'il lui convenait de dire, se plaisant parfois à des fantaisies où il inventait les faits nécessaires à sa cause, composant d'habiles formules pour excuser ses audaces et pour masquer ses fautes, niant l'infaillibilité papale et se fâchant quand on doutait de la sienne, attribuant volontiers à autrui ses erreurs et ses écarts, donnant à la dissimulation les mérites d'un art véritable, accommodant l'histoire à sa guise et trouvant à l'heure dite des précédents de tout genre qui faisaient loi, il domine facilement l'Europe, car ni dans les cabinets ni dans les Congrès il ne rencontrera de ces rivaux supérieurs qui s'appellent Metternich ou Talleyrand.

Ses défauts et ses vices ont l'envergure de ses qualités : orgueil, insolence, dissimulation, perfidie, nervosité, violence et brutalité, dédain des gens à principes, considération réservée aux audacieux et aux sceptiques, jalousie de ceux qui peuvent le remplacer et bien mener les affaires, élasticité prodigieuse de conscience, passion effrénée du pouvoir personnel et du pouvoir absolu, haine de ceux qui osent contrecarrer ses projets et lui résister, joie et amour de la vengeance. Il méprise la grâce, la distinction, le charme, qualités des mondains et non pas des hommes forts. S'il a eu quelques aventures légères dans sa jeunesse, il n'a plus qu'une passion qui a dévoré toutes les autres, la politique. Ce n'est pas lui qui se laissera mener par les femmes. Mais des salons qu'il ne fréquente qu'en passant ou qu'il a connus autrefois, il n'a point retenu la délicatesse et le tact dont sa nature âpre se soucie d'ailleurs fort peu. Il sait tout cela. Il se connaît. Un jour de franchise, il écrira sur l'album d'un diplomate : « L'existence m'a appris à oublier bien des choses et à m'en faire pardonner encore bien plus. » Il avoue ses défauts, mais c'est le plus souvent pour s'en vanter.

Sa franchise est dangereuse. Quand il parle de la paix, on peut redouter une guerre prochaine. Quand il parle d'histoire, on est sûr que c'est pour excuser le présent ou pour se débarrasser du passé. Quand une nouvelle à sensation paraît dans un journal important de Berlin, si, après avoir fait le bruit nécessaire, elle est ensuite démentie ou approuvée par la *Gazette de l'Allemagne du Nord,* on devine que c'est lui qui l'a lancée. Il a fait couver ainsi par le journal anglais *The Hour* des œufs de canard pondus par la *Post* et qui sortaient de sa basse-cour. Quand il proclame la nécessité de la tolérance, la presse d'opposition et les opposants peuvent être certains d'être frappés. Invoque-t-il le sentiment de l'Europe, il se gardera bien de la consulter. Enfin, lorsque son intérêt l'exige, il perd aussitôt la mémoire. Son existence est une comédie incessante où il joue avec un talent merveilleux les rôles les plus variés. Son immense supériorité sur une foule de gens très forts, c'est qu'il croit fermement à la bêtise humaine et qu'il sait s'en servir. Il a l'air de montrer son jeu et il ne montre que des cartes fausses ou des dés pipés. Ce n'est plus l'Allemand grave, lourd et taciturne d'autrefois, comme Humboldt ou Hardenberg, c'est une sorte de Méridional du Nord qui aime le mot cru, ricane et se moque, cite à l'occasion des proverbes plaisants, se rappelle des adages latins excellents pour sa politique : « *In verbis simus faciles... Unde habeas quærit nemo, sed oportet habere... Beati possidentes*, etc. »

Il traîne à sa suite un tas de familiers prêts à exécuter docilement ses ordres et à lui rendre tous les services, comme ce petit Juif de Berlin à lunettes bleues, devenu le fameux Bleichrœder qui lui prêta 40 millions de thalers en 1866 pour les premiers frais de la guerre contre l'Autriche et lui conseilla en 1871 de faire à la France la saignée des cinq milliards avec l'espoir, que M. Thiers déjoua, d'affermer lui-même les impôts français. J'ai parlé de son esprit de rancune. Il était terrible. Quand il haïssait quelqu'un, il le haïssait jusqu'à la mort. Le comte d'Arnim, entre autres, l'apprit à ses dépens. Jamais Bismarck ne pardonna une offense ou la moindre atteinte portée à ce qu'il considérait comme ses droits personnels. Il savait faire de la vengeance ce mets qu'on savoure à froid. Il dédaignait la tolérance et l'impartialité. Un mot le dépeindra ici mieux que tous les traits : « Je n'ai pu dormir cette nuit, dit-il à Tiedemann, son secrétaire... *J'ai passé toute la nuit à haïr !* »

Il suit, il poursuit, il traque ses adversaires, avec la patience du chasseur acharné à saisir sa proie. Il les amène dans ses pièges, il leur fait faire les fautes qu'il voulait, puis il les dévoile en temps utile. Il brise les scellés diplomatiques et il livre au public les pièces les plus secrètes afin de diffamer et de perdre ceux qui ont naïvement cru en lui ou qui ont essayé de lui chercher noise. Son roi hésite à faire la guerre. Il la rend inévitable, une fois en faisant appel à la grandeur de sa mission ; une seconde fois en aiguisant son ambition enfin éveillée ; une troisième fois en falsifiant ses ordres. Il a horreur de la sensibilité et personne n'aurait songé à lui appliquer le conseil ironique de Gœthe : « Les Allemands devraient pendant une trentaine d'années s'abstenir de prononcer le mot de sentiment. » Mais Gœthe a écrit dans le second *Faust* : « Où est la force, là est le droit » et Bismarck a retenu et mis en action cet aphorisme méphistophélesque. Il est d'accord avec un autre écrivain allemand qui a de nombreux fidèles en son pays, Frédéric Nietzsche, lequel a dit : « La pitié est un sentiment factice acquis par accident dans la société... Quelque attentat que l'homme commette, quelque outrage qu'il fasse à ses semblables, il ne trouble pas plus l'ordre de la nature qu'un loup quand il égorge un mouton. »

Un tel homme impose et effraie. Personne n'est sûr de lui. On le flatte, mais on en a peur. Il a des courtisans et il les méprise, car il sait que pour dominer il faut savoir mépriser. Il exige, il commande, il est obéi. Mais il ne peut décréter l'affection et il n'est pas aimé. Aussi quand il tombe, personne ne le plaint, personne ne le regrette. C'est un géant redoutable qui s'est écroulé. Pendant quelques instants sa chute a fait un grand bruit, puis le bruit s'est éteint. Les appétits et les ambitions, les adulations et les intérêts ont couru vers une autre idole... Et lui, oublié, méconnu de tous ces gens qui vantaient hier son esprit, sa grandeur, sa puissance, il part pour l'exil, étouffant de rage, menaçant du geste et de la voix ceux qui n'ont plus peur de ses colères. Il dira tout ce qu'il sait de méchant, de perfide, de cruel contre ses ennemis. Il parlera, il fera écrire ou parler. Ses révélations, après un rapide émoi, feront long feu ou tourneront contre lui. Il s'étonnera à certains jours de l'oubli et du discrédit où il est tombé. Il se plaindra de n'être pas regretté et il accusera d'ingratitude l'Empereur, la Cour, les ministres et tous ceux qui l'ont connu. Qu'a-t-il fait pour inspirer des regrets? Il a tout sacrifié à sa politique. Il en a eu tout ce qu'elle peut donner, tout, sauf l'affection et la reconnaissance.

L'homme intime paraissait absolument différent de l'homme officiel. Autant celui-ci était orgueilleux, brutal, égoïste et cruel, autant celui-là était simple, bon, jovial même, et généreux. Il montre ces qualités dans ses lettres à sa femme et à sa sœur. La vue d'un phoque tué par lui fait couler ses larmes. Il compatit aux peines de cœur d'un de ses garçons de ferme et il y trouve comme un écho des siennes. Il ne conçoit pas qu'on puisse vivre sans rien savoir de Dieu, sans y croire, sans avoir ni femme ni enfants. Il envoie à sa femme adorée des fleurs, des robes, des bijoux, des parures de toute sorte. Il semble préférer aux splendeurs de la Cour les prairies et les bois avec une épouse aimable et de gentils enfants. Il recherche les douceurs et même les petits ennuis de la vie familiale. Il déclare ne rien mettre au-dessus des joies intimes d'une vie régulière et paisible. Il console son beau-frère de la perte cruelle d'un enfant en le suppliant de s'incliner devant la volonté de Dieu, « car l'affliction ne devient plus amère que lorsque nous la laissons dégénérer en reproches et en révolte contre sa toute-puissance... » Dans ses voyages il admire des paysages superbes qu'il décrit en artiste et il confie à sa femme qu'il éprouve des scrupules à voir tant de belles choses sans elle. Au milieu des affaires les plus graves, il attend ses lettres avec impatience. Il se préoccupe de sa santé et de celle de ses chers enfants. Il appelle tendrement sa Johanna « ma bien-aimée, mon trésor, mon cher cœur ». Il dit d'elle à ses amis avec une reconnaissance émue : « On ne saura jamais ce que cette femme a fait de moi », et lorsqu'il voudra montrer la toute-puissance de la famille dans l'État, il fera cet aveu qu'il convient de retenir : « Les traditions de famille transmises par la mère et par la femme sont une garantie plus sûre que les bastions de nos forteresses pour notre avenir politique. » Voilà donc un Bismarck familial peu connu, un homme tendre et dévoué pour les siens qui fait une singulière différence avec le Bismarck politique si dédaigneux, si redouté, si implacable, avec celui que Mérimée appelait « un grand Allemand pas du tout sentimental ». Il est vrai que ces contrastes ne sont pas aussi rares qu'on le croirait. Tel farouche tribun de la Révolution, qui signait froidement de trop nombreux arrêts de mort contre d'infortunées victimes, manifestait pour ses parents, ses enfants et ses amis une tendresse et une sensibilité surprenantes. Quoi qu'il en soit, le souvenir de l'homme d'État inexorable l'emportera sur le souvenir du chef de famille tendre et dévoué. Ne disait-il pas lui-même, en 1873, au Reichstag : « Allez de la Garonne à la Vistule, du Belt au Tibre, allez sur les rives de nos fleuves allemands, l'Oder et le Rhin, vous constaterez que je suis l'homme le plus détesté de ce temps, mais je professe à l'égard de cette haine un profond dédain. » Cette déclaration est très fière, mais quand on a tant d'ennemis, on ne peut sincèrement les dédaigner.

En Pologne, en Alsace et en Lorraine, en Danemark, en Hanovre, dans plusieurs États du Sud, que de fois sa politique et son nom ont été maudits! Faut-il rappeler l'aveu significatif qu'il a laissé lui-même dans ses *Pensées et Souvenirs* : « On a constaté chez la plupart de mes amis, au moment de ma retraite un sentiment de soulagement. »

Pour bien comprendre Bismarck, il convient naturellement étudier de près son histoire. Remontons à ses origines et voyons rapidement par quels actes décisifs s'est illustrée sa carrière.

III

DE SCHÖNHAUSEN A OLMÜTZ (1815-1850)

Quelques jours après le retour de l'île d'Elbe, au moment où les alliés, surpris par Napoléon en plein dépècement de l'Europe, se liguent de nouveau contre lui et jurent de le traiter comme un brigand, au moment où, plus inquiète que les autres puissances, la Prusse se demande si le vainqueur d'Iéna ne va pas lui arracher ce qu'elle doit aux complaisances du congrès de Vienne, Otto-Edouard-Léopold de Bismarck naît à Schönhausen dans cette vieille Marche du Brandebourg que les soldats de Soult avaient, peu d'années auparavant, foulée sous leurs pieds infatigables. Le manoir paternel, où entrèrent les Français triomphants, voit surgir tout à coup un enfant qui sera le créateur de l'unité allemande et qui effacera par les succès d'une politique supérieure les antiques revers de sa patrie. Trente ans avant la réalisation de l'unité et la création de l'Empire, le jeune Bismarck dira en Suède chez M. de Tornehielm, comme s'il avait été frappé d'une inspiration prophétique :

« Moi, je deviendrai le sauveur de mon pays. Je reconstituerai un ensemble avec ses lambeaux épars et, un jour, l'Allemagne sera un grand et puissant Empire. » Malgré les excentricités et les folies de sa première jeunesse, malgré les imperfections et les lacunes de son instruction, il a gardé et développé en lui un sentiment de dévouement absolu à la monarchie et à la patrie prussiennes, et s'il a paru panthéiste et républicain, ce n'a été qu'un instant. L'éducation familiale, ses aspirations et ses instincts personnels le ramènent bientôt à la défense de l'ordre et de la royauté. Après quelques années passées dans l'administration et dans les services judiciaires, il se dégoûte de la bureaucratie et retourne aux champs. Son ambition à ce moment est fort modeste : être un bon gentilhomme rural et un brave lieutenant de la landwehr. Un hasard le lance tout à coup en pleine politique. De simple délégué suppléant au Landtag de 1847, il est amené à remplacer le titulaire du siège, M. de Brauchitsch tombé malade. Il se révèle orateur vigoureux et député autoritaire. Aux premières nouvelles de l'émeute de 1848, il organise la résistance de son district à Schönhausen, essaie vainement d'amener les généraux et la Cour à une défense énergique de la capitale, voit avec douleur la retraite des troupes, puis l'armement de la garde civique et la délivrance des insurgés. Il ne comprend pas la faiblesse de Frédéric-Guillaume IV qui, après avoir refusé certaines concessions en temps utile, accorde tout ce qu'on lui demande en pleine insurrection et laisse l'anarchie envahir le royaume au milieu de pouvoirs divisés, un Parlement à Francfort et une Constituante à Berlin.

Il s'oppose à ce que son roi accepte la couronne impériale offerte par le Parlement à la veille de sa dissolution, parce qu'il ne veut pas que le roi devienne le vassal des représentants. Il objecte aussi que l'Empire, fait dans ces conditions, n'aurait pas le développement et la force nécessaires. Les guerres, qu'il prévoyait déjà, auraient eu lieu quand même et n'auraient pas servi à le consolider. « Rien dans la Prusse d'alors, a-t-il dit, ni les personnes ni les choses, n'attestait une maturité qui désignât la Prusse pour l'hégémonie allemande dans la paix et dans la guerre. »

Frédéric-Guillaume IV essaie mollement, avec le parlement d'Erfurt auquel avaient adhéré vingt-sept gouvernements allemands, de combattre l'intrusion autrichienne toujours en éveil, mais ses efforts manquent d'énergie et d'efficacité. Il n'ose résister à la reconstitution de la Diète germanique sous la présidence de l'Autriche. A l'union restreinte des petits États, cette puissance oppose le concert des royaumes allemands, et au Zollverein prussien l'union douanière entre les États du Sud. Le 29 novembre 1850, elle va plus loin. Elle fait accepter par le roi la convention d'Olmütz qui, sous prétexte de coopération, met la Prusse à sa merci. Bismarck songe un moment à empêcher par la force cette convention néfaste, mais il reconnaît l'impossibilité de mobiliser à temps l'armée prussienne et il ajourne provisoirement ses desseins. Il comprend seulement que la politique du ministère, aussi bien pour les affaires diplomatiques que militaires, est une politique de légèreté et de parcimonie, et il prend la résolution, lorsqu'il sera aux affaires, de procéder avec une toute autre vigueur dans l'intérêt de l'honneur national. Sa pensée dominante est d'attendre, pour provoquer un conflit, que la Prusse ait achevé ses armements et soit absolument prête. Alors, le prétexte d'une rupture sera facile à trouver. Bismarck va mettre seize ans à préparer cette œuvre, mais avec la certitude de réussir et d'établir en Allemagne la suprématie prussienne, de façon à la rendre inébranlable. Il a retenu et il médite cette parole du grand Frédéric : « La politique demande de la patience, et le chef-d'œuvre d'un homme habile est de faire chaque chose en son temps et à propos. »

IV

DE FRANCFORT A BERLIN (1851-1862)

Par la convention d'Olmütz, la Prusse s'était engagée à coopérer à la restauration de l'Électeur de Hesse, à étouffer les aspirations nationales du Holstein, à accepter la réunion à Dresde d'un congrès qui devait régler la situation définitive de la Confédération. Ce congrès prononça le maintien du *statu quo* au sujet de la revision du pacte fédéral et rétablit l'ancienne diète de Francfort. Le roi demande alors à Bismarck s'il veut y être son délégué, et celui-ci accepte sans se faire prier. « Vous avez bien du courage, ajoute le roi surpris de cette adhésion immédiate, de vous charger ainsi au pied levé d'une fonction qui ne vous est pas familière? — Si je trouve que je ne suis pas à la hauteur, réplique fièrement Bismarck, je serai le premier à demander mon rappel. J'ai d'ailleurs le courage d'obéir si Votre Majesté a celui de commander. — Eh bien, dit le roi, nous allons faire un essai. » L'essai devait merveilleusement réussir. Bismarck arrive à Francfort le 11 mai 1851, se débarrasse bientôt du général de Rochow qu'on lui avait imposé comme chef et comme Mentor, examine avec soin le congrès et ses collègues, reconnaît que leurs préoccupations sont des puérilités pures et leurs personnes plus ridicules que les députés de la seconde Chambre, découvre que des savetiers et des épiciers bien lavés et bien peignés feraient d'excellents diplomates, s'amuse à progresser dans l'art de parler beaucoup pour ne rien dire, constate enfin que la diplomatie n'est que « nullité et charlatanisme ». Il sait, maintenant, comme Oxenstiern, « par quels imbéciles sont conduites les choses de ce monde » et il s'en moque ouvertement. Le représentant de l'Autriche était omnipotent à la Diète. Entre autres prérogatives personnelles, il avait seul le droit d'y fumer. Un jour, Bismarck apporta un long cigare et osa lui demander du feu. Ce cigare audacieux lui constitua tout un prestige et la diète devint une véritable tabagie. Comme Talleyrand au congrès de Vienne, Bismarck prend rapidement de l'importance à la Diète de Francfort et rend à son pays une situation inespérée. Il a conscience de sa valeur personnelle et il le prouve. Il se compare et aussitôt il se considère.

Sa correspondance n'est pas ce qu'il a dit, une fois en plaisantant, paresseuse, vide et inutile. Au contraire, elle est pleine de bon sens, d'humour, de franchise, de carrure. Quels sont les plans qu'il y développe et qu'il applique personnellement ? Faire prévaloir en tout et partout l'autorité de la Prusse, empêcher les empiètements de l'Autriche sur l'Allemagne, prévenir et éviter ses intrigues et ses pièges. Il n'a point l'allure effarée des uns, morne ou empesée des autres. Il va droit au but, fonce sur l'adversaire, mène les choses tambour battant, se souciant peu de plaire ou d'être aimé. « *Oderint, dum metuant !* » telle semble être alors sa devise.

C'en est fait de la vieille langue diplomatique, de ses atours et de ses mystères. Ses dépêches sont précises, vigoureuses, brutales même. Qu'on porte partout la torche et la hache, qu'on fasse disparaître les obstacles par le fer et par le feu! La Prusse doit arracher l'Allemagne au joug autrichien et l'Allemagne n'aura son unité que sous le sceptre prussien. Bismarck mène alertement les affaires et le plaisir. Il s'aperçoit que les travaux politiques et diplomatiques l'empêchent de dormir. Quel remède employer? C'est bien simple... La danse. Un soir, Bismarck accepta de valser avec une charmante danseuse, et qu'arriva-t-il? C'est que cette nuit, il dormit les poings fermés. Aussi, malgré la surprise et la défense du roi scandalisé, il continua à se donner ce plaisir... hygiénique. Mais les soirées mondaines ne l'empêchaient pas de conduire vaillamment les affaires.

Sous prétexte de le former à la haute école de la diplomatie, mais en réalité pour traiter de la question importante de l'union douanière, le roi l'envoie faire un intérim à Vienne avec les plus flatteuses lettres d'introduction. Bismarck, qui était au fond défavorable à l'union douanière avec l'Autriche, parce que son pays devait en souffrir plus qu'y gagner, ne se met point en peine de faire réussir sa mission et se borne à observer avec soin le pays contre lequel il déchaînera plus tard les hostilités. Il sera plus d'une fois en opposition sur ce sujet, ainsi que sur d'autres, avec son roi qui le considérait « comme un œuf qu'il avait pondu lui-même, et qui s'étonnait que l'œuf voulût être plus avisé que la poule ».

Après sa mission temporaire à Vienne, Bismarck fut en froid avec Manteuffel qui le redoutait pour successeur aux Affaires Étrangères. Ce qui vexait surtout le ministre, c'est que le roi faisait venir à tout instant Bismarck de Francfort à Berlin pour le consulter sur la politique extérieure, Manteuffel était favorable à l'Autriche et savait que le délégué à la Diète lui était fort opposé. Aussi le ministre cherchait-il à lui enlever la faveur dont il jouissait et à lui créer des ennemis, comme de Goltz, d'Arnim et autres. Mais Bismarck était un trop habile joûteur pour se laisser ébranler. Il se permettait de tout dire au roi et, malgré l'étonnement et la colère où le jetaient parfois les audaces de son conseiller, le roi ne lui en tenait pas rancune. Vint la guerre de Crimée, et la Prusse, n'osant intervenir pour ne pas gêner la politique de l'Autriche en Orient, joua vis-à-vis de cette puissance le rôle de Leporello à l'égard de don Juan. Bismarck ne pouvait cacher sa honte et son exaspération. Il aurait voulu faire envoyer 60 000 hommes en Silésie de façon à franchir à l'occasion aussi bien la frontière autrichienne que la frontière russe. Ainsi le roi de Prusse aurait pu être le maître de la situation et dicter la paix. Bismarck en parla à son souverain qui lui répondit en souriant : « Mon petit, tout ça c'est très beau, mais je le trouve trop cher. Un homme de l'espèce de Napoléon peut se permettre de ces coups d'éclat, mais non pas moi ! » Bismarck, écœuré de voir l'isolement et l'affaiblissement de la Prusse, aurait tout accepté pour l'en faire sortir, même une alliance avec la France. En outre, et dès 1854, il laissait nettement entendre qu'il faudrait bien finir par trancher sur les champs de bataille la question de rivalité entre la Prusse et l'Autriche. Le général de Gerlach et autres conservateurs lui reprochèrent cette politique. Il répondit de façon à établir une fois pour toutes sa supériorité de vues, mais il ne fut pas écouté et il en fut réduit « à vomir de la bile » en voyant la Prusse forcée d'être le caudataire de l'Autriche et solliciter dans des antichambres la faveur d'être admise au Congrès de Paris.

Sa politique personnelle, à la fois très hardie et très adroite, était fort en avance sur les procédés anciens de la politique encore en vogue. Il ne considérait en diplomatie que son roi et sa patrie, et pour les défendre ou les sauver, il voulait laisser de côté les antipathies vieillottes et les moyens surannés. Sa règle de conduite envers les gouvernements étrangers était uniquement subordonnée à la plus ou moins grande utilité qu'il leur attribuait pour les intérêts de la Prusse. Avant lui, on faisait de la politique de sentiment. Maintenant il déclarait ne plus savoir ce que c'était. On lui parlait de la nécessité de vivre en bonne harmonie avec l'Autriche qui ne cessait cependant de jouer des tours à la Prusse et il répondait en citant l'histoire d'un comte allemand qui, ayant demandé à se séparer de sa femme, une ancienne écuyère surprise pour la vingt-quatrième fois en délit d'adultère, recevait les éloges de l'avocat de cette dame pour sa galanterie et son indulgence. « Eh bien, ajoutait-il, ce mari indulgent l'était moins que la Prusse vis-à-vis de l'Autriche !... » Il ne ménageait pas les diplomates prussiens et raillait leur incapacité. Les alouettes rôties leur tombaient bien dans la bouche, mais ils ne l'ouvraient que pour bâiller. C'est alors qu'élevant le ton, et maudissant l'inertie et le manque de prévision des ministres et des ambassadeurs prussiens, il s'écriait — et le mot est resté — : « Si nous ne voulons rien faire pour devenir marteaux, nous serons enclumes ! »

Manteuffel, croyant pouvoir détourner les vues ambitieuses de Bismarck, lui offrit le ministère des finances. Bismarck refusa ce portefeuille avec tant d'ironie que Manteuffel s'en formalisa et se fâcha presque. Qu'aurait-il dit s'il avait su que Bismarck lui avait appliqué ce mot cruel dit auparavant sur lord John Russel : « Cet homme se chargerait aussi volontiers du commandement d'une frégate que d'une opération de la pierre ! » Le roi laissa Bismarck s'occuper des affaires de la Diète et de quelques missions comme celle qui concernait la principauté de Neufchâtel dont la possession venait d'être enlevée définitivement à la Prusse. Le fin diplomate en profita pour sonder Napoléon sur ses intentions véritables. L'empereur, « dont on avait surfait l'intelligence aux dépens de son cœur », acceptait bien l'idée « d'une petite rectification de frontières » et celle de faire de la Méditerranée « à peu près un lac français ». Il laissait entendre que la Prusse et la France pouvaient marcher d'accord, l'une en s'annexant le Hanovre et les duchés de l'Elbe, l'autre en arrondissant un peu son territoire. En outre, il comptait sur la neutralité prussienne dans une guerre contre l'Autriche. Bismarck déclara, avec un sang-froid étonnant, que son maître était opposé à toute conquête et à toute annexion, que l'affaire du Hanovre et des duchés de l'Elbe n'était point encore agitée et qu'il fallait à cet égard éviter toute indiscrétion.

Les indispositions, puis la grave maladie du roi, firent prévoir un changement de règne, ou, en attendant, un changement de direction. Le prince royal (le futur Guillaume Ier) devenu régent, reçut de Bismarck le sage conseil de ne pas toucher à la Constitution et de maintenir l'ordre et l'union à l'intérieur. Au mois de janvier 1859, Bismarck est invité par le régent à aller diriger l'ambassade de Saint-Pétersbourg. Il eût préféré rester dans la tannière à renards de Francfort, car il redoutait que son successeur, le comte d'Usedom, n'y diminuât, par son incapacité, le crédit de la Prusse, mais il fallut céder. En butte, comme jadis Chateaubriand après le congrès de Vérone, aux obsessions des banquiers qui lui offraient de fortes sommes pour servir leurs intérêts, il dut, ainsi que lui, menacer l'un d'eux de le jeter en bas de son escalier pour s'en débarrasser et cette simple menace suffit.

Arrivé en Russie, le nouvel ambassadeur fit de son poste à Saint-Pétersbourg un véritable poste d'observation et de là discerne dans la Confédération un mal qu'il faudra tôt ou tard guérir d'une manière héroïque, c'est-à-dire *ferro et igne*. Il constatait avec dépit que Nicolas, ennemi de la Révolution, était favorable à l'Autriche, et que les jeunes seigneurs russes manifestaient une réelle aversion contre l'élément prussien. Cependant, il ne prévoyait pas de guerre nécessaire entre la Prusse et la Russie « à moins que les bévues du libéralisme et les maladresses de la dynastie ne vinssent à fausser la situation. » Une crise de rhumatismes mal soignée faillit le tuer. Il prit un congé et se traita lui-même si habilement qu'il guérit et put assister un certain temps en 1860 aux séances de la Chambre des Seigneurs.

A cette époque, le prince de Hohenzollern, qui avait succédé à Manteuffel, pensait à faire nommer Bismarck aux Affaires Étrangères, mais son programme, hostile à l'Autriche, déplut au régent et à la princesse royale qui était antipathique aux Russes et aux Français. Bismarck fut donc écarté et ne s'en plaignit pas. Il savait que ses idées catégoriques effrayaient beaucoup de personnes et il ne cachait pas, en termes pittoresques et familiers, son mépris de la presse, son amour de la monarchie absolue, sa volonté de bâillonner l'opinion du Reichstag, de le réduire par une dissolution opportune qui aurait pour effet de rétablir une saine circulation du sang. Sur son conseil, le nouveau roi à Kœnigsberg, le 18 octobre 1861, prit la couronne et se la mit lui-même sur la tête, pour attester comme Napoléon Ier qu'il ne laisserait personne toucher à son pouvoir.

Six mois après, le prince de Hohenlohe, qui avait remplacé le prince de Hohenzollern à la présidence du Conseil, supplia Bismarck de le délivrer de ce martyre, mais Bismarck préféra l'ambassade de Paris, car il voulait compléter ses observations et achever d'ourdir ses plans. Dans un entretien intime à Fontainebleau, Napoléon lui offre de s'allier avec la Prusse ; l'ambassadeur très prudent répond qu'il faut attendre les circonstances. Sur quoi, l'empereur dit qu'il faut se décider, car l'Autriche lui a fait des propositions. Bismarck s'en tire par des paroles évasives, avertit son roi et demande des instructions qui n'arrivent pas. Alors, il va se distraire par un voyage dans le Midi et attend que la résistance opiniâtre de la Chambre aux volontés du roi nécessite son entrée aux Affaires et fasse dire partout : « Oh ! oh ! cela va chauffer ! » Enfin, sur les instances du général de Roon, son ami, qui le supplie de sauver la monarchie, il vient conférer avec Guillaume Ier qui lui dit avec une sorte de désespoir : « Je ne peux pas gouverner d'après la volonté de la majorité actuelle du Landtag et je ne trouve plus de ministres qui soient disposés à diriger un gouvernement, sans se soumettre, eux et moi, à la majorité parlementaire. » Aussi le roi parle-t-il d'abdiquer. Mais Bismarck accepte le ministère avec de Roon à la Guerre et invite le roi à continuer la lutte contre le gouvernement parlementaire, quitte à installer provisoirement la dictature. Il fallait que « la mission nationale » de la Prusse l'emportât sur l'opposition du Landtag. Guillaume prend enfin le parti de résister aux députés et de suivre une politique de combat.

Le nouveau président du Conseil n'avait nullement l'intention, comme ses prédécesseurs, de manifester une indifférence dédaigneuse pour le fond des affaires, dès que la forme semblait protégée par la signature du roi ou les votes du Parlement. Il n'était pas homme à supporter l'influence délétère des Gerlach, Rauch, Niebuhr, Bunsen et autres. Il préférait l'absolutisme pur, sans Parlement, ou même en dépit du Parlement, parce qu'il y découvrait un sentiment plus net de responsabilité pour ses propres actes. Fort de ces idées, une fois résolu à prendre le pouvoir, il le veut, en autoritaire avec une politique claire et résolue, et il se révèle aussitôt l'homme de volonté et d'action qui fera l'Empire. Il a compris, aussi bien et mieux peut-être qu'un monarque prussien, le vrai testament du Grand Frédéric, c'est-à-dire la nécessité, en continuant les conquêtes, d'arracher à l'Autriche toute suprématie, de faire prévaloir l'autorité souveraine de la Prusse par tous les moyens, sous peine de reprendre le chemin de la décadence et de la ruine.

Il a profondément étudié le caractère de sa nation et il sait que le patriotisme allemand, pour agir et produire des effets utiles, a besoin d'être aidé par l'attachement et le dévouement absolus à la dynastie. Il s'efforcera donc de développer cet attachement aussi utile à la monarchie qu'à ses propres desseins. La race allemande, dont le caractère est historiquement le plus accusé, c'est, à son avis, la race prussienne ; et cependant il lui faut pour soutien de son patriotisme un roi qu'elle aime et en qui elle ait confiance. C'est avec le roi Guillaume que Bismarck donnera satisfaction à ce sentiment légitime. La devise que l'armée porte sur son casque : « *Mit Gott für König und Vaterland* », les mots expressifs de l'Empereur actuel : « *Ein König, Ein Volk, Ein Gesetz* » résument admirablement cela. Rien en Prusse n'est donc plus important que l'attachement à la dynastie. C'est une nécessité absolue, c'est la vie même de la nation. Aussi a-t-on développé ce sentiment au point « que chaque Allemand, assurait Bismarck, est facilement disposé à combattre par le feu et par le fer son voisin allemand et son frère de sang, et à le tuer en personne, si, par suite de querelles qu'il ne comprend pas lui-même, il en reçoit l'ordre de sa dynastie. »

Qu'on s'en étonne ou qu'on s'en émeuve, cela est ainsi, et l'homme politique qu'était Bismarck avait le devoir de compter avec ces dispositions. Il va découvrir chez le nouveau roi des idées presque aussi absolues que les siennes et il s'en réjouira. Il sait que ce prince acceptera, après ample et sûre démonstration, le programme nouveau qui consiste à rétablir la puissance de l'armée et à exclure, en attendant mieux encore, l'Autriche de l'Allemagne, à ajourner jusqu'au moment opportun les réformes libérales et économiques, à dompter enfin toute opposition hostile à la Couronne et aux intérêts véritables du pays.

Le 23 septembre 1862, le rescrit royal qui nomme Bismarck ministre d'État et président intérimaire du Conseil paraît au *Reichsanzeiger*. Dès ce jour, va commencer une ère nouvelle pour la Prusse.

V

LES DUCHÉS DE L'ELBE

Quelques jours après sa nomination à la présidence du Conseil, Bismarck avait fait à la commission du Budget une déclaration sensationnelle. La Prusse, suivant lui, ne pouvait, avec son corps mince et allongé, porter seule plus longtemps l'armure dont l'Allemagne avait besoin pour sa sécurité. Il fallait que tous les Allemands en prissent également leur part. « Nous n'atteindrons pas le but, ajoutait-il, par des discours, des associations et des votes de majorité. Il n'est pas possible d'éviter une lutte sérieuse, une lutte qui ne se videra que par le fer et par le sang... » Cette idée n'était pas nouvelle chez Bismarck. Il l'avait déjà exprimée en 1849, à la tribune de la Chambre, lors du débat sur l'amnistie. Le comte de Roon s'était ému, comme la presse, de cette déclaration aux formes si tragiques, et il le dit à son ami. Bismarck, qui avait voulu préparer ainsi les Chambres et l'opinion à la nécessité d'une politique énergique, ne s'étonna pas de ces observations, mais craignant que le roi n'en eût ressenti par contre-coup une impression défavorable, il se rendit au devant de lui, à Jüterbogh. Guillaume revenait à Berlin d'un voyage à Baden-Baden où il était allé fêter l'anniversaire de la naissance de la reine Augusta.

Assis, dans l'ombre de la gare en construction, sur une brouette renversée, Bismarck attend le passage du roi. Il ne le découvre pas sans peine dans un simple compartiment de première classe et, dès qu'il l'a rejoint et salué, il veut le mettre au courant de ce qui s'était passé. Guillaume, qu'un entretien avec la reine avait informé du discours de son ministre et de l'émotion de la presse, l'interrompt aussitôt. « Je prévois parfaitement, dit-il avec brusquerie, comment tout cela finira. Là-bas, place de l'Opéra, sous mes fenêtres, on vous coupera la tête, à vous, et un peu plus tard à moi. — Et après, Sire ? — Eh bien, après, nous serons morts ! — Soit, mais il nous faut bien mourir tôt ou tard et pouvons-nous périr d'une manière plus digne ? » Puis, s'animant, le nouveau président du Conseil dit que s'il acceptait de sacrifier sa vie pour la cause royale, le roi devait donner aussi la sienne pour le maintien des droits à lui conférés par Dieu. Il lui cita l'exemple de Charles Ier qui, après avoir tiré l'épée pour sa cause et perdu la bataille, scella de son sang l'idée qu'il avait de ses droits royaux. Il parla avec tant d'éloquence que le roi se considéra comme un officier chargé de défendre son poste jusqu'à la mort et descendit de wagon, l'humeur souriante et belliqueuse, devant les ministres accourus pour le recevoir.

Le 2 octobre, Bismarck assistait à la Chambre des Seigneurs, et dès ce jour, il allait se révéler orateur original, infatigable et pressant. Tous ses discours étaient des actes. Ils manifestaient dans leur auteur la décision, la logique, l'adresse et l'audace. Le président du Conseil ne permet pas à la Chambre des députés d'abuser du droit de l'article 99 de la Constitution et de réduire arbitrairement les dépenses prévues. Sans attendre le vote du budget, il continue à administrer le royaume à ses risques et périls. Il est en désaccord avec la majorité au sujet de l'organisation de l'armée et de la compétence constitutionnelle des différents pouvoirs de l'État en matière financière. Ne pouvant la convaincre, il décidera son roi à diriger avec lui la nation, « en bon père de famille, quitte à rendre les comptes plus tard ». Quant à lui, il ne se considère pas dans la situation d'un ministre anglais en face du Parlement, mais bien comme le ministre du roi de Prusse. Au cas où les trois pouvoirs ne sauraient s'accorder, il ne reste plus que la voie des compromis. La Couronne avait fait des concessions. C'était à la Chambre à l'imiter. Bismarck exposait cette opinion avec une telle hauteur que le comte de Schwerin crut pouvoir la résumer par ces mots, devenus célèbres : « La force prime le droit. » Bismarck protesta. Il n'avait pas émis cet aphorisme. Je le crois, mais c'était bien le sens de son discours et l'interprétation de son attitude. Plus d'une fois on lui jettera à la tête le « *Macht geht über Recht* » et chaque fois il le démentira. Mais ces quelques mots le peignent si bien, lui et sa politique, que tout le monde reste persuadé qu'il les a réellement prononcés. N'était-il pas lui-même, dans sa personne, dans ses discours, dans ses écrits et dans ses actes, la personnification de cette force brutale qui ne tient compte ni de la raison ni de l'esprit, ni du droit ni de la justice, ni de la vérité, qui va devant soi avec une puissance irrésistible, qui renverse, broie, écrase tout ce qui lui fait obstacle, qui se rit de la pitié et de la sensibilité, qui ne voit partout et en tout que la raison d'État, le bien de l'État, le salut de l'État et qui se sert des individus comme on se sert des matériaux pour construire une forteresse. La nature généreuse lui a donné une stature colossale, des membres et des muscles d'acier, une santé robuste, une vigueur de corps et d'esprit à toute épreuve. Sûr de sa supériorité physique et morale, il a en lui-même tout ce qu'il faut pour imposer aux autres hommes et lorsqu'il passe à cheval, avec son casque et sa pesante armure de cuirassier blanc, la foule salue un maître dans ce géant brutal qui rappelle les immenses et lourds chevaliers du moyen âge.

Avec cette allure fière et dédaigneuse qu'il gardera jusqu'à sa disgrâce et même après,

Bismarck défie la Chambre de former un ministère viable en remplacement du sien qu'il a orgueilleusement appelé « le ministère du Conflit ». Il se moque de ceux qui ont dit : « Le pays est avec ses députés ». On rit de tant d'audace et il ajoute aussitôt : « Je conclus de votre hilarité que vous reconnaissez l'exactitude de ce que je dis. » Il traite les députés presque aussi mal que des diplomates et raille leur manque d'expérience et de connaissances sérieuses. La Chambre, à une énorme majorité, le rend responsable dans sa personne et dans sa fortune des dépenses inconstitutionnelles. Cela ne l'émeut guère. A chaque trait violent, il oppose une riposte plus violente encore. Le député de Hennig, dans une comparaison entre l'œil et le poing, lui avait attribué le rôle de l'œil. « Je vous en suis reconnaissant, réplique-t-il aussitôt, car l'œil est sans contredit la partie la plus noble. L'œil dirige le poing. » Ses réponses ont toujours un accent amer et incisif. Elles emportent le morceau.

Sur la demande du président du Conseil, le roi avait signé le 1er juin 1863 un décret restrictif des droits de la presse et, trois jours après, le prince royal avait protesté, dans une lettre à son père, contre cette mesure autoritaire. Se trouvant ensuite à Danzig, lors d'une inspection militaire, le prince avait déclaré au bourgmestre de Winter qu'il n'était pour rien dans le décret rendu contre la presse et ses paroles de blâme avaient jeté un certain émoi dans le pays et à l'étranger. Le roi réprimanda son fils qui voulut démissionner de toutes ses fonctions et faillit provoquer un véritable scandale. Le président du Conseil prétendit avoir calmé le roi et arrangé l'affaire. Or, peu de temps après, le prince écrivit à Bismarck une lettre fort dure où il condamnait sa politique et le menaçait de ne plus assister aux séances du Conseil. Le jour de la dissolution de la Chambre, le 3 septembre, le prince se déclara « l'adversaire décidé du cabinet ». Il eut avec le président un entretien des plus vifs. Celui-ci lui conseilla de ménager l'avenir. Le prince s'offensa de ce conseil et le témoigna hautement. « L'expression hostile de majesté olympienne qu'il avait alors, rapporte Bismarck, n'a pu s'effacer de ma mémoire pendant de longues années. Je le vois encore aujourd'hui devant moi, la tête rejetée en arrière, le visage rouge, et je vois le regard qu'il me lança par-dessus l'épaule. » Bismarck refoule alors sa propre irritation, et répond qu'il n'a voulu agir que dans l'intérêt du pays et de la dynastie. Le prince termina l'entretien en répétant qu'il n'assisterait plus aux séances du Conseil, puis il envoya au roi un mémoire justificatif. Ce mémoire, Bismarck le lut et l'annota dédaigneusement. Suivant lui, il n'avait aucun sens, il devait soulever l'indignation publique, il exposait même le prince à des poursuites judiciaires, etc. Il fallait que Bismarck fût et se sentît bien puissant pour traiter ainsi l'héritier du trône.

L'Autriche ne voyait pas sans inquiétude la présence de son ennemi aux Affaires Étrangères, et cependant elle ne savait pas qu'il avait déconseillé au roi de Prusse une alliance avec la Russie dirigée contre elle-même. Ce n'était point par sympathie pour l'Autriche, mais par simple prudence que Bismarck avait fait refuser les propositions d'Alexandre à cet égard. Il craignait de n'avoir pas avec la Russie les mêmes vues sur l'avenir de l'Autriche et il se rappelait Tilsit, Erfurt et tout récemment Olmütz. Toutefois, le cabinet autrichien connaissait les vues à longue échéance de la Prusse et cherchait à la maintenir au rang des États secondaires. Elle tenta un suprême effort au *Fürstenstag* ou Congrès des Princes, à Francfort, pour faire prédominer son influence dans la réforme projetée de la Constitution. L'empereur François-Joseph résolut de voir à Gastein le roi Guillaume, espérant le tromper habilement sur ses véritables desseins. Bismarck le sut et s'appliqua à prévenir, par d'habiles conseils, l'effet des communications impériales. Un incident poétique — chose extraordinaire! — vint un moment à l'encontre des projets de Bismarck. Le 2 août 1863, le président du Conseil se promenait sous les sapins du parc de Schwarzenberg, au bord de la gorge profonde de l'Ache. Son attention fut attirée par le bruit qui s'échappait d'un nid de mésanges. Il se plut à regarder la mère qui apportait à tout moment une chenille ou quelque autre insecte à ses petits, si bien qu'il oublia l'heure. Lorsqu'il revint chez lui s'habiller pour le dîner du roi, il trouva une lettre de Guillaume Ier qui le priait de venir causer avec lui, à la Schillersplatz, de l'entrevue projetée avec l'Empereur. Mais il était trop tard. En effet, pendant que le ministre s'amusait à suivre le gracieux manège des oiseaux, le roi, impatienté de l'attendre, était parti et avait rencontré François-Joseph. Lorsque Bismarck arriva à l'hôtel royal, les deux souverains avaient eu le temps d'échanger leurs idées. Si son adresse ne lui eût permis de réparer cette faute, il eût avoué une fois de plus que les hommes politiques et les diplomates ont autre chose à faire que de contempler la nature.

Ce ne fut pas sans peine que le président du Conseil empêcha Guillaume d'aller au congrès des Princes à Francfort. Il eut à lutter avec le roi de Saxe et avec François-Joseph qui avait fait croire au roi qu'il ne s'agissait que d'une défense commune contre la Révolution et le constitutionalisme. Il parvint cependant à son but, « mais lorsque je quittai Sa Majesté, écrit-il, nous étions tous deux, par suite de la tension nerveuse de la situation, physiquement épuisés. »

Quelques mois après la réunion inutile du *Fürstentag*, mourut Frédéric VII, roi de Danemarck. L'affaire du Schlesvig-Holstein, ouverte en 1848, réglée en 1852 par la conférence de Londres, réouverte un instant en 1856 au congrès de Paris, allait se présenter encore et avec une gravité nouvelle. La conférence de 1852 avait fixé l'ordre de la succession danoise en reconnaissant le prince Christian de Glücksbourg comme héritier unique et légitime de Frédéric VII. Or, quel fut le premier acte du roi Christian IX ? Ce fut d'incorporer le Schlesvig au Danemark. La diète de Francfort se plaignit immédiatement au nom du Holstein et du Lauenbourg, pays germaniques, de cette incorporation qui violait l'autonomie provinciale des duchés, si bien que Bismarck, s'étant mis d'accord avec l'Autriche, put affirmer hautement le maintien des droits de l'Allemagne dans le Holstein et le Schlesvig. Il fit entendre que la Confédération avait pour mandat d'honneur d'occuper le Holstein, oubliant qu'en 1848 il avait blâmé l'intervention des troupes prussiennes dans les duchés de l'Elbe. Sur ce, les députés de Virchow et de Stavenhagen proposèrent à la Chambre de reconnaître le prince héritier d'Augustenbourg comme souverain des duchés du Schlesvig et d'Holstein, passant sous silence la renonciation formelle en 1852 des ducs d'Augustenbourg. Bismarck répondit que le traité de 1852 devait servir de guide absolu à la Prusse, à la condition que le roi de Danemark y obéît de son côté. Dans le cas contraire, le gouvernement prussien réservait sa décision. Des pourparlers avec le gouvernement autrichien assuraient d'ailleurs une conformité d'attitude pour les deux puissances. Le roi Christian n'avait pas à exiger plus de droits que ses prédécesseurs. Cette conduite prudente et habile ne convint pas à la Chambre qui pria le roi de revenir sur le traité de Londres et de reconnaître le prince d'Augustenbourg comme duc du Schlesvig-Holstein. Bismarck déclara que pas un pied de la terre allemande ne serait cédé, mais qu'il ne ferait rien en dehors des devoirs que lui prescrivait la Constitution fédérale. Il demandait des subsides extraordinaires pour être en mesure de faire face aux prochaines éventualités. La Chambre, qui exigeait pour le compte direct de la Prusse une guerre de conquêtes et refusait d'aider le ministère dans sa résolution d'occuper le Schlesvig en commun avec l'Autriche, s'opposa aux crédits demandés.

En vain, le président du Conseil voulut-il faire comprendre à la majorité que le nouvel État de Schlesvig-Holstein serait plutôt préjudiciable à la Prusse qui aurait près d'elle un Danemark mutilé et irrité, mais peut-être aussi appuyé sur la Suède ; en vain montra-t-il qu'il était au moins inutile de se brouiller pour cela avec les États scandinaves, la Chambre ne l'écouta pas, car elle désirait faire des ministres ses ministres à elle et non ceux du roi. Or, Bismarck n'était pas homme à accepter une pareille situation. Il le dit avec tant de force qu'on l'accusa quelque temps après d'avoir déclaré, en réponse aux exigences de la Chambre, que le droit reposait uniquement sur les baïonnettes. A quoi il répondit que sa parole avait été celle-ci : « Dans les conflits européens pour lesquels il n'y a point de tribunal compétent, le droit ne peut se faire valoir que par les baïonnettes. » C'est ce qui allait arriver.

Entre temps, Bismarck révélait au baron de Goltz, l'ambassadeur de Prusse à Paris, le fond de sa pensée. « Vous n'avez, dites-vous, pas la moindre confiance dans l'Autriche, *moi non plus* ; mais je trouve en ce moment opportun d'avoir l'Autriche avec nous. Le moment de la séparation viendra-t-il, et par la faute de qui ? C'est ce que nous verrons. Je n'ai nullement peur de la guerre. Vous vous convaincrez peut-être bientôt que la guerre fait partie de mon programme. » Puis, répondant à une critique amère du traité de Londres : « Ce sont les traités européens qui créent le droit européen. Si on voulait leur appliquer le critérium de la morale et de la justice, il faudrait les abolir à peu près tous. » Le point culminant dans la question danoise était donc l'acquisition des duchés par la Prusse. La différence à cet égard entre la Chambre et le président du Conseil, c'est que la Chambre voulait le dire et l'établir hautement, et que Bismarck voulait le faire peu à peu et sans le dire. Cela est si vrai qu'au lendemain de la mort de Ferdinand VII, le président du Conseil rappela au roi que tous ses ancêtres avaient agrandi la Prusse et qu'il devait faire de même. Cette scène se passait en plein Conseil. Le prince royal levait les bras au ciel. Les ministres gardaient un silence timide. Le roi se bornait à répondre : « Je n'ai aucun droit sur le Holstein. » Bismarck avouait bien que dans les classes moyennes on était peu favorable à l'annexion, mais què c'était là une sottise. Et il ajoutait : « Mon respect de ce qu'on appelle l'opinion publique n'a jamais été grand. »

Il savait en outre que la camarilla Bethmann-Hollvég et la reine, qui ne l'aimaient guère, menaçaient la Prusse du ressentiment de la France prête à prendre les pays rhénans en compensation des duchés de l'Elbe. Il traitait ces craintes de chimères et continuait à jouer son rôle de tentateur auprès du roi qui finit par l'écouter. Il entrait ensuite en confidence avec le duc d'Augustenbourg auquel il demandait, si la fortune lui confiait le gouvernement du Schlesvig-Holstein, de céder à la Prusse la forteresse de Rendsbourg et le port de Kiel. Le prince ne parut point favorable à la moindre cession de territoire et, brusquant l'entretien, dit à Bismarck : « Nous nous reverrons ! » Le ministre le revit, en effet, mais simple général bavarois au lendemain de Sedan.

Ce que Bismarck voulait donc, c'était « la libre disposition des duchés ». Il l'eut. L'Europe le laissa faire. On vit alors ce triste spectacle : deux États qui pouvaient disposer d'un million de soldats, se jetant avec fureur sur un petit État de deux millions et demi d'habitants, dont le traité de Londres avait garanti l'intégrité. On vit deux puissants États invoquant de misérables prétextes pour spolier le faible, en présence de la complicité tacite ou de l'indifférence et de la lâcheté générales. Comment cette Europe pouvait-elle faire encore appel au principe sacré des nationalités? Comment pouvait-elle encore parler de droit et de justice?... Hélas, l'exemple lamentable, donné en 1864, devait être suivi plus d'une fois. Il l'est encore à l'heure actuelle où, sous des prétextes mensongers, un pays cupide et insatiable ose jeter sur une terre indépendante deux cent mille mercenaires pour écraser soixante mille patriotes. Les mêmes sophismes gouvernent le monde. L'indépendance est qualifiée de rébellion et la spoliation de conquête. Et cela, au lendemain d'une conférence internationale qui conseillait la paix et réclamait hautement l'intervention de l'Europe en faveur des faibles opprimés !... Puisse l'espoir des Anglais se changer en déception et, pour ne pas sortir du sujet de ce livre, puisse se réaliser la prédiction de Bismarck qui assignait à l'Angleterre l'Afrique du Sud comme tombeau de son insolente prospérité !

La guerre a donc lieu malgré le refus du concours du Parlement, malgré une certaine défaveur de l'opinion et de quelques hautes personnalités allemandes. Deux colosses se précipitent sur le petit Danemark et en viennent à bout, non sans peine cependant, car les Danois luttèrent jusqu'à la dernière heure pour l'honneur du drapeau, ayant vainement attendu les secours de l'Angleterre et de la France. Les alliés s'emparèrent du Schlesvig et de l'île d'Alsen, malgré une résistance qui fut telle que l'un des sculpteurs des bas-reliefs qui ornent l'affreuse *Siegessaüle* à Berlin ne manqua pas d'y reproduire la bataille de Duppel, plus glorieuse cependant pour les vaincus que pour les vainqueurs. Oubliant ses scrupules, le roi de Prusse se réjouit de la conquête. Il est enchanté de ce que le port de Kiel et le droit de construire un canal à travers le Holstein aient été obtenus si facilement, sans que l'union entre l'Autriche et son royaume en ait souffert. Le pays de Ratzebourg avec son joli lac le ravit et Bismarck partage le ravissement de son maître. Une idylle en vérité!... Les débuts de la politique dualiste s'étaient donc brillamment affirmés par les combats en commun sur la Schlei, par l'invasion en commun du Jutland, par la paix conclue en commun avec le Danemark, le 30 octobre 1864. La convention de Gastein (20 août 1865) régla définitivement le sort des duchés. La Prusse gardait le Lauenbourg. L'Autriche occupait et administrait le Holstein. La Prusse faisait de même pour le Schlesvig. Kiel devait être le port fédéral de la flotte allemande. Enfin, les duchés entraient dans le Zollverein et la Confédération germanique allait être réorganisée.

Mais le dualisme ou le *condominium* ne pouvait durer longtemps. Bismarck fit entendre à François-Joseph que l'État autrichien n'avait pas d'avantages personnels à attendre dans les duchés danois, mais qu'il avait un intérêt très considérable à rester en rapports amicaux avec la Prusse. L'empereur répondit que l'opinion publique ne comprendrait pas que l'Autriche n'eût en cette affaire aucune compensation. Et allant droit au but, il demanda au président du Conseil si la Prusse était décidée à transformer les duchés en provinces prussiennes ou à se contenter seulement de certains droits. Le roi était présent à l'entretien. Il se taisait. Bismarck le pria de se prononcer. Guillaume, très embarrassé, finit par répondre « qu'il n'avait aucun droit sur les duchés et que par suite il ne pouvait élever aucune prétention à leur égard ». Cette réponse catégorique désarma Bismarck qui avait déjà envisagé toutes les éventualités et qui accepta tant bien que mal le maintien d'une union provisoire entre les deux grandes puissances.

C'est dans cette première affaire des duchés de l'Elbe qu'éclate le génie diplomatique de Bismarck et l'on comprend qu'il ait été fier de lui-même. Il avait tâté la Chambre des députés et avait reconnu, dès les premiers froissements, que la majorité était incapable de pénétrer l'importance de ses desseins et de s'y associer. Il était pourtant facile de comprendre que si, obéissant aux désirs de la Chambre, le gouvernement prussien avait à lui seul envahi les duchés, il eût eu contre lui l'Autriche, l'Angleterre, la France, et peut-être la Russie. Que fallait-il donc faire ? Imposer à l'Europe l'accord des deux grandes puissances germaniques agissant sur l'avis de la Diète fédérale qui avait voté l'occupation du Holstein par les armées de la

Confédération ; rendre l'Autriche complice et la duper par l'apparence cordiale d'un *condominium* pour l'occupation et l'administration des duchés ; amener un peu plus tard l'Autriche elle-même à faire quelques concessions, puis à se plaindre de la politique dualiste déloyalement pratiquée et lui faire accuser la Prusse de préparer en secret l'annexion du Schlesvig-Holstein ; jeter ensuite le masque, repousser toute solution pacifique et une fois assuré de la neutralité de la France, du concours de l'Italie, du silence du reste de l'Europe, provoquer le *casus belli* cherché depuis Olmütz ; enfin, par des victoires certaines, exalter la puissance de la Prusse et venir à bout définitivement de l'opposition gênante de la Chambre des députés. Tel était le plan hardi que les Virchow et tant d'autres n'avaient point deviné.

Ainsi, après avoir compromis et joué l'Autriche dans l'affaire des duchés de l'Elbe, Bismarck va la traiter en ennemie et à ses justes récriminations répondre par une guerre savamment préparée. Mais lorsqu'il l'aura jetée sur le flanc, il ne consentira pas, quoi qu'on fasse et quoi qu'on veuille, à l'achever. Il lui donnera même la main pour la relever, certain qu'elle restera neutre dans les hostilités qu'il ourdit contre la France et qu'oubliant la défaite de Sadowa et les perfidies dont elle a été victime, elle aura la bonne grâce, avec l'Italie qu'elle hait, de servir de garde du corps à la Prusse pour défendre ses conquêtes. C'est ce qu'il appellera garantir la paix du monde.

VI

LA GUERRE D'AUTRICHE

Les succès de la campagne contre le Danemark avaient accru chez Bismarck la confiance en lui-même et le dédain de toute opposition. Dans les délibérations parlementaires il fait preuve d'une arrogance et d'un orgueil inouïs. Il soulève à chaque instant des questions et des incidents personnels, se livre contre ses adversaires à des plaisanteries et à des railleries de toute nature, puis oppose à leurs critiques ses desseins qui visent la grandeur et la prospérité de la patrie allemande. Il célèbre la force nouvelle de l'armée, mais cela ne lui suffit pas. Il veut en outre une marine aussi puissante « car il n'y a guère, dit-il, de sujet qui depuis vingt ans intéresse aussi unanimement l'opinion en Allemagne » et il réclame pour cela des crédits extraordinaires qui ne seront pas les derniers. Il faut que la Prusse soit crainte et respectée sur mer comme sur terre. On sait que Guillaume II n'a rien répudié de cette politique; au contraire.

Mais Bismarck revient à la question urgente,

c'est-à-dire à l'affaiblissement de l'Autriche. Tous les moyens, grâce à lui, vont converger vers ce but. Le *condominium* ne soulève que des difficultés, le traité de Gastein que des plaintes. Les deux nations se dénoncent et s'accusent réciproquement. En Prusse, l'opposition fait au gouvernement un grief de la réunion du Lauenbourg à la Couronne, parce que ce duché a été cédé par le traité de Gastein et n'a pas eu l'assentiment des Chambres. Cela surprend Bismarck qui répond ironiquement : « Nous n'avions plus qu'à faire l'acquisition de la moitié idéale des droits qui appartenaient à l'Autriche ; l'autre, nous la possédions déjà. » N'ayant pu obtenir autrefois de la part de la Chambre la connaissance de ses vues sur le Lauenbourg, Bismarck lui demande ce qu'elle pense des duchés de l'Elbe. Il interroge l'opposition. Elle ne répond pas. « Eh bien, messieurs, dit-il, en gardant le silence cette année encore sur ce sujet, vous n'aurez pas à vous plaindre plus tard, si nous ne pouvons pas avoir égard à l'opinion que vous aurez gardée par derrière vous ! » Puis à des interruptions injurieuses, il réplique avec mépris : « N'attendez pas de complaisances de notre part, pas plus que nous n'en attendons de la vôtre ! » Il constatait ironiquement que le mariage du gouvernement avec la Chambre n'avait pas été heureux depuis trois années et il croyait à un prochain procès en divorce. On l'accusait de faire de la politique extérieure pour esquiver la politique intérieure et il reconnaissait que les affaires extérieures étaient vraiment son plus grand souci et qu'il les mettait au-dessus de toutes les autres. S'il était possible de réparer des erreurs dans l'administration de l'État, c'était chose plus difficile en diplomatie et il faisait cet aveu que tout le monde doit retenir : « Dans la politique extérieure il y a des moments qui ne reviennent pas. »

Aussi saisit-il les moindres incidents propres à amener l'Autriche dans ses pièges, à permettre à la Prusse de venger l'humiliation d'Olmütz. Cependant, à la veille des hostilités, il retourne brusquement tous ses plans. Pour faire plaisir au roi Guillaume qui craint la rupture, il offre à l'Autriche de partager l'Allemagne avec la Prusse et de marcher ensuite contre la France à laquelle on enlèvera l'Alsace. François-Joseph se méfie et n'ose adhérer à cette proposition aussi inattendue que périlleuse. Alors Bismarck se décide à revenir à ses premiers plans, à employer les moyens héroïques et à réformer l'Allemagne nouvelle *ferro et igne*. Toute sa politique est là. C'est sur des milliers d'hommes frappés par le fer et par le feu, c'est sur leurs cadavres qu'il fondera et élèvera le nouvel Empire. Il le fera à ses risques personnels, jouant son autorité, sa popularité, sa fortune et jusqu'à sa vie. On l'accuse de vouloir la ruine de la patrie et de ses libertés. On l'appelle le mauvais génie de la Prusse, on le menace publiquement. Il demeure impassible et poursuit sans crainte les vues qu'il croit utile à l'abaissement de l'Autriche, à la grandeur de la Prusse, à l'unité allemande.

Ceux qui l'approchèrent à ce moment furent surpris de son calme. Quoique assailli et tourmenté par les préoccupations les plus graves, il affectait un air paisible. Il savait son gouvernement impopulaire et il ne s'en affectait pas. Il avait contre lui la Cour, le prince royal, la reine et la princesse royale, le parti féodal et les libéraux. Il ne les craignait pas, parce qu'il était sûr que son roi lui demeurerait obstinément fidèle. C'était là sa force. Ses yeux lançaient parfois des éclairs quand on parlait d'une opposition insurmontable, puis reprenaient leur placidité allemande. Son front, élevé et élargi, semblait gonflé de pensées puissantes. Sa parole, imagée et pittoresque, abondait en tours ingénieux, en expressions piquantes et familières. Ses plans, fort adroits, reposaient sur sa personne seule et il avait avec raison une profonde estime de lui-même.

Il cherchait à s'assurer la neutralité de la Russie, de l'Italie, de l'Angleterre et surtout de la France. Une fois certain de sa marche en avant, il donne librement cours à son humeur et à ses desseins hostiles. Des menaces se renouvellent ouvertement contre lui. On déplore la guerre fratricide qui va éclater. Le 7 mai, un assassin menace ses jours mais sans succès. Le surlendemain, la Chambre est dissoute et le ministre émet des bons du Trésor sans la sanction légale. On s'étonne, on s'inquiète partout.

Le pays s'agite et gronde. Bismarck joue son présent et son avenir avec une désinvolture extraordinaire. La veille de la guerre, il reçoit des amis et plaisante avec eux en rappelant ses folies de jeunesse. Il se pâme de rire en racontant ses belles soirées à Mabille et ses bonnes fortunes. A le voir aussi gai, on ne se douterait guère qu'il a entrepris une œuvre terrible dont dépendent dans peu de jours le salut de son pays et son propre salut.

A sa voix, sous son impulsion, Guillaume secoue enfin ses hésitations et déclare le pacte fédéral rompu. Il s'empare de la Saxe, du Hanovre et de la Hesse électorale « qui paieront les pots cassés », parce qu'ils se sont alliés à l'Autriche. Tandis que les Autrichiens restent massés et inactifs sur les frontières saxonnes, les Prussiens entrent dans le quadrilatère de la Bohême et, après une série d'engagements heureux, se rencontrent enfin à Kœniggrætz ou Sadowa, le 3 juillet 1866, avec les Autrichiens. Bismarck ne doute pas du triomphe final, car le succès de Nachod l'a pleinement rassuré et il vient d'apprendre que Berlin, par un revirement subit, l'acclame comme un héros. Benedek est vaincu après une lutte formidable qui abat 60 000 hommes sur le champ de bataille. « Par le fer et par le sang », Bismarck l'a emporté. La force a fait son œuvre. Elle dompte, elle courbe les plus rebelles. Libéraux, féodaux, unitaires, tous célèbrent le président du Conseil et le militarisme qui a décidé de la victoire.

La lutte austro-prussienne aurait continué sans l'intervention formelle et sans la volonté inébranlable de Bismarck qui ne voulait pas abuser du succès, par souci de ménager l'Autriche afin de s'en servir en temps décisif, et par crainte de l'intervention dangereuse des neutres. L'état-major prussien et le roi lui-même auraient désiré au contraire l'écrasement complet et l'entrée immédiate à Vienne. Il fallut dompter leur ambition, venir à bout de leur résistance, et c'est ici que Bismarck se montra diplomate incomparable. Que devait faire la Prusse triomphante ?... Continuer la guerre et le cours de ses victoires ? Écraser l'Autriche devant l'Europe stupéfaite et assez lâche pour laisser faire, fonder l'empire allemand, dont l'idée grandiose hantait depuis longtemps le cerveau de Bismarck ? La tentation était fort séduisante ; cependant Bismarck y résista. Un mot résumera sa conduite dans ces graves circonstances. Il était, je l'ai déjà dit, disciple passionné du grand Frédéric. Or, il avait appris dans ses Mémoires qu'il fallait user de la fortune sans chercher à la violenter ; il avait appris aussi à redouter les incidents imprévus.

C'est ce qui le décide à accepter les premières ouvertures de l'Autriche pour la paix. Cette intervention de la France qui aurait pu, qui aurait dû avoir lieu, il y revient sans cesse, ce qui prouve bien qu'il la croyait possible et qu'il la craignait. Cependant, il était fort au courant de notre situation militaire. Il savait que nous pouvions envoyer à grand'peine 60 000 hommes sur le Rhin ; mais ces 60 000 hommes l'inquiétaient. Il répète à ce propos ce qu'il dira à peu près, en 1874, devant le Reichstag : « Une participation de la France à la guerre n'eût peut-être jeté immédiatement en Allemagne que 60 000 hommes de troupes françaises, peut-être moins encore. Cet appoint cependant, grâce aux effectifs de l'armée fédérale de l'Allemagne du Sud, eût suffi pour donner à celle-ci une direction une et énergique, vraisemblablement sous le commandement d'un général français... Nous ne pouvions pas, en avant de Berlin, lui opposer des forces d'égale valeur sans nous affaiblir du côté de Vienne. » Bismarck constate que la France eût trouvé dans le pays même assez de forces pour prolonger la guerre. « Nous n'aurions pas, ajoute-t-il, pu maintenir notre défensive sur l'Elbe, si nous avions eu une guerre d'invasion en France, ayant sur nos derrières pour adversaires l'Autriche et l'Allemagne du Sud. » C'était l'abandon forcé des succès remportés pendant la dernière campagne. Notre ministre des affaires étrangères, M. Drouyn de Lhuys, eût alors voulu convoquer les Chambres, demander des crédits, occuper la rive gauche du Rhin. Le maréchal Randon offrait 60 000 hommes. M. de Metternich nous suppliait d'agir. La situation, notre intérêt, tout nous y invitait. L'empereur, malade et indécis, mal conseillé par M. Rouher et le prince Napoléon qui le suppliaient de ne pas trahir l'Italie, se contenta d'être médiateur, et quel médiateur ! quand il aurait pu être l'arbitre. Une simple démonstration militaire, — 40 000 hommes tout au plus, — eût suffi pour nous assurer des avantages inappréciables. On se contenta de recevoir la Vénétie des mains de l'Autriche pour la rétrocéder aux Italiens qui remercièrent avec effusion « le magnanime allié de leur bien-aimé roi », tout en maugréant, même après Custozza et Lissa, de n'avoir pas obtenu Trente et Trieste.

Bismarck, qui tenait à précipiter les solutions, trouvait de grandes difficultés auprès de son souverain. Celui-ci, qui avait pris goût à la conquête, voulait maintenant, outre les duchés de l'Elbe, des portions de la Saxe, du Hanovre et de la Hesse, puis les territoires d'Anspach et de Bayreuth, puis la Silésie autrichienne, la Frise orientale et une grosse frontière en Bohême. L'état-major prussien exigeait même davantage. Ce qu'on offrait au roi Guillaume, c'est-à-dire les duchés, l'expulsion de l'Autriche de la Confédération germanique avec la création d'une Confédération du Nord soumise uniquement à la Prusse, ne le satisfaisait guère, et il le déclarait. Bismarck, qui voyait les choses d'une manière plus pratique, persistait à conseiller de faire la paix sur les bases de l'intégrité territoriale de l'Autriche.

Le 12 juillet, au gîte d'étape de Czernahora, le Conseil de guerre apprit au ministre qu'on voulait continuer la marche des troupes sur

Vienne, en forçant les lignes de Florisdorf, opération qui devait demander environ quinze jours. Bismarck répéta qu'il fallait faire la paix au plus vite et avec une très grande modération. Si l'on tenait à rétablir ultérieurement des relations utiles entre les deux pays, on devait éviter l'entrée victorieuse de l'armée prussienne dans la capitale ennemie et ne pas infliger à l'amour-propre autrichien une blessure qu'aucune nécessité n'imposait. Il fallait songer à l'avenir. Il importait d'avoir, sinon l'amitié, du moins la neutralité de l'Autriche, car une guerre avec la France devait tôt ou tard suivre celle-ci. Pourquoi se créer des difficultés et des périls par pure ambition ?

Sur ces entrefaites, M. Benedetti, envoyé par Drouyn de Lhuys, arrive au village de Zwickau, où il trouve Bismarck dans une habitation abandonnée, écrivant sa correspondance, deux revolvers à côté de lui. Le ministre est mécontent de la maladresse de la police militaire qui a laissé passer l'ambassadeur. Celui-ci, qui n'avait d'autre mission que de recommander la modération aux Prussiens, mais qui savait que la victoire de Sadowa avait été chaudement disputée et se doutait bien des inquiétudes de Bismarck, relève et accentue hardiment son rôle. Il parle avec énergie de la nécessité de l'équilibre européen, du respect dû aux neutres qui seraient forcés de veiller à leur sécurité et à leurs intérêts respectifs, de l'impossibilité pour la Prusse de faire la guerre à l'Autriche en même temps qu'à d'autres puissances. La fermeté de son attitude et de ses propos détermine une suspension d'hostilités de trois jours et l'arrêt de l'armée prussienne à trois milles d'Olmütz. Ceci prouve que la France eût pu tirer son épingle du jeu, si elle avait eu des hommes énergiques à sa tête. Alors Bismarck, croyant que son représentant à Paris, M. de Goltz, ne lui a point dépeint la vraie situation, change subitement de tactique. Il flatte l'ambassadeur. Il invite la France à dire ce qu'elle veut. Benedetti, qui n'a point d'instructions, fait l'homme sourd. Bismarck insiste et va jusqu'à offrir à Benedetti de s'entendre pour résoudre ensemble toutes les difficultés et redresser eux-mêmes leurs frontières, sans se préoccuper des autres puissances. C'est ainsi qu'il avait offert à l'Autriche de marcher avec la Prusse contre la France, peu de temps auparavant... Au moment où Benedetti va obtenir quelques concessions, une dépêche inepte de son gouvernement l'appelle à Vienne, puis une autre le rappelle plus tard à Nikolsbourg où le ministre prussien s'est installé et semble prêt à accepter les préliminaires concertés entre le baron de Goltz, Napoléon III et Drouyn de Lhuys.

La situation était de plus en plus difficile pour Bismarck, car le roi se montrait plus favorable aux influences des militaires qu'à celles de son ministre. Celui-ci, qui avait formé son opinion par une étude raisonnée des faits, s'opposait toujours à la continuation des hostilités. Il a tant travaillé qu'il tombe malade. Le 23 juillet, il reçoit dans sa chambre le roi et les généraux. Il propose une fois encore de faire la paix sur les bases indiquées par l'Autriche, sans cession territoriale. Il donne des raisons péremptoires ; mais il est seul de son avis. « Mes nerfs, dit Bismarck, ne résistèrent pas aux impressions qui m'agitaient nuit et jour. Je me levai en silence, passai dans ma chambre à coucher voisine et y fus pris d'une violente crise de larmes... » Le récit fait à Moritz Busch est plus complet et plus saisissant : « Je me jetai sur mon lit et j'étais tellement énervé que je me mis à sangloter bruyamment. Ils entendaient ça de l'autre côté et se turent, puis s'en allèrent. *C'est tout ce que je voulais.* Le lendemain, il était trop tard pour reprendre la discussion et leur plan de la sorte ne se réalisa pas. » Ce n'est point du grand Frédéric que Bismarck s'était inspiré dans cette scène si curieuse, c'est de Voltaire.

Une fois débarrassé du conseil de guerre, le ministre se met à rédiger un rapport qui concluait à la paix, prêt à démissionner aussitôt, si le roi refusait de l'entendre. Il va le trouver et lui dit : « Nous devons éviter de blesser grièvement l'Autriche et de lui laisser, plus qu'il n'est nécessaire, une rancune durable et un besoin de revanche. Il faut, au contraire, nous réserver la possibilité de renouer avec l'adversaire actuel et de consolider l'État autrichien comme une pièce de l'échiquier européen, et la reprise de nos bons rapports avec lui comme une manœuvre qui devra toujours être possible... » Pourquoi ces conseils si politiques n'ont-ils pas été répétés par le même homme en 1871 ? Pourquoi n'ont-ils pas prévalu ? Pourquoi Bismarck n'a-t-il pas tenté les mêmes efforts pour éviter de blesser si grièvement, si profondément la France ? Les motifs, jadis allégués au sujet de l'Autriche, n'avaient-ils pas la même valeur ? La politique allemande n'avait-elle pas, pour l'avenir, intérêt à se montrer aussi modérée qu'en 1866 ? Et ce mot de Bismarck n'était-il pas toujours la vérité même : « La politique commande, non pas de se demander après une victoire ce que l'on pourrait bien arracher à l'adversaire, mais de poursuivre uniquement les résultats imposés par les besoins politiques » ?... Le ministre des Affaires étrangères de Prusse faisait donc valoir encore une fois la nécessité de signer, sans retard, les préliminaires. Le roi finit par répondre que la nation coupable d'avoir ouvert la guerre devait être punie. Bismarck répliqua vivement qu'il fallait laisser Dieu exercer sa justice tout seul, mais qu'eux devaient faire, avant tout, de la politique allemande. Le roi ajouta qu'il importait de s'assurer de différentes acquisitions aux dépens de ses adversaires. A cela, le ministre objecta qu'il ne voulait pas voir dans le futur système fédératif allemand des territoires mutilés où la dynastie et la population reviendraient facilement au désir de reconquérir d'anciennes possessions, fût-ce avec l'aide d'un secours étranger ; ce qui en ferait des alliés peu sûrs. Mais Guillaume persistait à tirer profit des succès de son armée et, d'autre part, Bismarck ne se rendait pas. Aussi, son opposition provoqua-t-elle une si vive irritation chez le roi qu'il devint impossible de prolonger l'entretien. Le ministre quitta son maître avec l'impression qu'il n'avait pu le convertir à sa manière de voir. Inquiet, bouleversé, il pense un moment à rentrer comme simple officier dans son régiment, puis à se jeter dans la rue du haut de son troisième étage. C'est alors que se produit une intervention émouvante et inattendue.

La porte de la chambre s'ouvre. Le prince royal entre. Il pose sa main sur l'épaule de Bismarck et lui dit : « Vous savez que j'ai été opposé à la guerre ; vous l'avez jugée nécessaire et vous en portez la responsabilité. Si vous êtes maintenant convaincu que le but est atteint et que la paix doit être conclue, je suis disposé à vous aider et à défendre votre opinion auprès de mon père. » Le prince se rend alors chez le roi, puis revient au bout d'une demi-heure, et, du même air calme, dit : « Cela a été dur ; mais mon père a consenti. » Le prince Frédéric rapportait le consentement royal, écrit au crayon dans ces termes : « Puisque mon président du Conseil m'abandonne devant l'ennemi et que je suis ici hors d'état de le remplacer, j'ai discuté la question avec mon fils. Il s'est joint à l'opinion du président du Conseil et je me vois forcé à ma grande douleur, après de si brillantes victoires remportées par l'armée, d'avaler cette amère pilule et d'accepter une paix honteuse. » Ces termes étaient durs et injustes. Mais, malgré leur dureté, ils mettaient fin à la tension nerveuse à laquelle Bismarck était en proie. Le ministre accepta avec bonheur l'assentiment du roi à une solution qui lui apparaissait comme une nécessité politique, sans se laisser choquer par sa forme désobligeante. D'ailleurs, les événements allaient lui donner raison et assurer à la Prusse les cessions de territoire qu'elle avait demandées en Hanovre, en Saxe, dans le Nassau et dans la Hesse, y compris la ville de Francfort.

Tandis qu'un monarque et un ministre prussiens, actifs et résolus, donnaient le spectacle d'hommes vraiment politiques, que faisaient Napoléon III et son ministre des affaires étrangères? Drouyn de Lhuys se débattait vainement contre les habiletés de M. de Goltz qui, avec une audace inouïe, allait s'entendre, lui-même, avec Napoléon et obtenir de l'empereur beaucoup plus que ce qu'il avait demandé à son ministre. Celui-ci, mis au courant de cette audacieuse entrevue, jetait son portefeuille sur la table devant Napoléon et s'écriait : « Vous êtes un maître bien difficile à servir !... » Mais la France était jouée, alors que, faute de dédommagements immédiats, elle aurait pu obtenir divers avantages par une simple démonstration ou par la réunion d'un Congrès. Après bien des pourparlers, on parut vouloir nous accorder quelque chose. C'était, si les circonstances amenaient l'empereur à conquérir la Belgique, l'appui des armes de la Prusse.

Poussé par le tentateur Bismarck, on écrivit cela sur un papier confidentiel qui, retrouvé à Cernay dans les archives de M. Rouher, vit subitement le jour en 1870 et contribua à indisposer l'Europe contre nous. Le procédé était déloyal. Il passa pour politique, ce qui veut dire parfois la même chose. Il avait d'ailleurs été déjà employé contre l'Autriche. Il réussit encore.

Toutes les chancelleries reproduisirent la demande faite en ces termes à Bismarck par Benedetti au nom de son gouvernement : « Il nous faut un traité ostensible qui nous accorde au moins le Luxembourg et de plus un traité secret stipulant une alliance offensive entre la France et la Prusse, reconnaissant à la France le droit de s'emparer de la Belgique au moment où le gouvernement de l'Empereur le jugera opportun ». Nous avons eu le traité ostensible et l'on a ri de nous. Quand on a fait semblant de se fâcher en France, il était trop tard. Nous allions cruellement apprendre ce qu'il en coûte à une nation de n'avoir pas une politique précise, constante et résolue.

VII

LES PRÉLIMINAIRES DE 1870

Les prétentions maladroites du cabinet des Tuileries avaient admirablement servi Bismarck en 1866. Il sut les utiliser encore pour faire comprendre à ses compatriotes qu'il fallait doubler les armements et se tenir prêts pour résister à une nation aussi exigeante que la France. A partir de ce moment, l'opposition contre Bismarck et ses volontés a disparu. Tout ce qu'il demande, il l'obtient. Grâce à lui, la Prusse est maîtresse absolue de la situation. Elle en profitera. Elle voit ce que deux campagnes lui ont rapporté en deux ans. Elle s'attend avec la troisième à gagner bien davantage. Bismarck le sait mieux qu'elle-même. Ce sera sans conteste l'unité allemande, ce sera cette fois enfin l'Allemagne du Nord courbée sous l'hégémonie triomphante de la Prusse.

En attendant, il a toute liberté d'action et il en profite. Il impose des indemnités à la Bavière, au Wurtemberg, au grand duché de Bade et à la Hesse-Darmstadt. Il lit à la nouvelle Chambre le message royal qui annexe à la Prusse le Hanovre, la Hesse électorale, la ville de Francfort et le Nassau. Les duchés de l'Elbe allaient suivre le même sort et la Prusse s'augmenter ainsi de 4 millions et demi d'habitants et de 75 000 mètres carrés pour son territoire. Un bill d'indemnité couvrit les dépenses illégales de la guerre et, une fois de plus, le succès justifia ou parut tout justifier. D'ailleurs, suivant Bismarck, « ce n'était pas des sentiments mais des vues politiques » qui devaient guider la Prusse. Voilà comment un homme d'État, alors sans rival, maniait et remaniait l'Europe. Est-ce tout? Non. Il passe avec les États du Sud et la Saxe des traités particuliers qui vont singulièrement profiter à sa politique. L'Autriche et la France avaient cru reléguer la Prusse derrière la frontière régionale du Mein. Pour arriver à la franchir, Bismarck montra aux États du Sud leur isolement du côté de la France et les périls qui les attendaient. En les effrayant, il obtint que leurs forces militaires seraient à l'avenir placées sous les ordres du roi de Prusse, leur généralissime. D'après ses plans, se constitue la nouvelle Confédération du Nord sous la présidence de la Prusse. Seize ans de patience et d'efforts aboutissaient au but rêvé. L'Autriche perdait toute prépondérance en Allemagne, et la limite du Mein, en apparence infranchissable, allait pouvoir être franchie grâce aux traités secrets de la Prusse avec les États du Sud. Que pouvait-on reprocher encore à un ministre qui était l'heureux auteur de tous ces triomphes?

Mais la Saxe et le Wurtemberg persistaient à repousser le joug prussien; la Bavière se réjouissait d'avoir gardé son autonomie. Les diplomates français auraient pu utiliser ces dispositions en vue des hostilités prochaines. Ils ne le firent pas et cependant Bismarck le redoutait fort. Il avait, un moment, craint l'union du parti guelfe en Hanovre avec la France et confié à des agents habiles, largement rémunérés, le soin de faire échouer par tous les moyens cette union dangereuse. Il essayait aussi de détruire les dernières divisions intestines. « Mieux nous serons unis à l'intérieur, disait-il à la Chambre en 1867, plus nous serons certains de gagner la partie. » Il suppliait les députés de faire face à l'étranger pour défendre en commun leurs intérêts, et il s'employait à cette tâche patriotique avec la dernière vigueur.

Après Sadowa, Bismarck n'avait voulu prendre aucun engagement certain avec l'empereur des Français. Il lui avait seulement, comme je l'ai dit plus haut, insinué l'idée perfide d'occuper la Belgique, occupation qui eût amené la guerre avec l'Angleterre. Mais Napoléon, voyant que la Prusse s'arrondissait malgré lui et que la France n'obtenait rien, songea à se procurer quelque chose, fût-ce à prix d'argent. Il voulut acheter à la Hollande le Luxembourg, acquisition dont on avait déjà fait luire l'espérance à ses yeux, et en faire un petit département français, ce qui eût flatté et consolé quelque peu ses sujets. Bismarck ne s'opposa point à cette acquisition et dit même à notre diplomate : « Faites en sorte que la cession du Luxembourg soit un fait accompli avant la réunion du Reichstag et je me chargerai de faire avaler la pilule à l'Allemagne. » Mais on ne se pressa guère et lorsqu'on eut commencé à négocier, Bismarck révéla les traités qui mettaient les forces des États du Sud à la disposition du roi de Prusse. Cette nouvelle émut la Hollande qui dès lors redouta pour elle-même des complications dangereuses. Un prétendu vice de forme fit ajourner la signature de la cession du Luxembourg à la France. La diplomatie et la presse allemandes furent informées du traité projeté et tous les reptiles qui les peuplaient, sifflèrent avec fureur contre les prétentions audacieuses de la France. L'affaire vint au Reichstag le 1er avril 1867. M. de Bennigsen développa les inquiétudes du peuple qui souffrait à la pensée de voir perdre pour l'Allemagne l'ancien berceau des souverains allemands. Il condamna les tendances belliqueuses de la France. « Le moment, dit-il, où nous devons avoir de nouveau une politique à nous, est venu. Il importe que nous soyons forts et unis ; se taire serait une preuve de faiblesse. » Bismarck exposa simplement les faits et chercha à ménager la susceptibilité des Français dans la mesure où ces ménagements étaient compatibles avec l'honneur de son pays. L'ambassadeur prussien, M. de Perponcher, avait été averti et consulté par le roi des Pays-Bas. Or, ce diplomate s'était borné à répondre que son gouvernement laisserait à Guillaume III la responsabilité de ses propres actes et qu'avant de donner un avis, il consulterait ses confédérés et les puissances intéressées dans cette affaire. Bismarck, restant sur une défensive qui était faite pour déplaire à la France, affirmait qu'il maintiendrait les droits des États allemands, sûr de l'inébranlable confiance qui régnait entre le peuple et son gouvernement.

Napoléon III, froissé et irrité, songea un moment à la guerre. La Prusse ne la craignait pas, car elle fit secrètement savoir à la Hollande que la cession du Luxembourg serait considérée par elle comme un *casus belli*. Aussi, pendant que le maréchal Niel déclarait à l'empereur que l'armée n'était pas prête à soutenir des hostilités contre la Prusse, le roi de Hollande, Guillaume III, rompit toutes négociations pour la cession du Luxembourg. Le conflit entre la Prusse et la France fut apaisé par la conférence de Londres qui proclama la neutralité du Luxembourg et exigea l'évacuation de la forteresse principale par les troupes prussiennes. Cette condition, qui apaisa un peu les esprits en France, les irrita à Berlin et fit accuser Bismarck de modérantisme et d'incohérence. Ses ennemis attaquèrent vivement sa politique. On lui reprocha d'avoir manqué l'occasion d'écraser la France qui n'était pas prête et qui était paralysée par son Exposition universelle. On oubliait qu'il avait offert jadis lui-même le Luxembourg à la France et qu'il venait de l'en priver, en se dégageant habilement de ses offres et de ses promesses. La leçon était dure pour nous. Allions-nous en profiter, c'est-à-dire renforcer notre armée, garnir nos places fortes et nous assurer des alliances, dans les quelques années de répit que nous accordait la Providence? Non. La seule préoccupation du gouvernement impérial était d'éviter toutes hostilités au moment de l'Exposition, car il préférait des joies pacifiques à l'enivrement d'une conquête désirée. On sacrifiait tout à la manifestation du travail et on y invita le roi Guillaume et son ministre pour leur faire admirer les merveilles de notre commerce et de notre industrie.

Le public parisien, qui regardait curieusement le diplomate déjà célèbre, fut frappé de ses yeux étincelants, de ses énormes sourcils, de sa moustache épaisse et de son air arrogant qui semblait dire à tous : « *Ego et rex* ». Il ne se doutait pas alors qu'il était en face d'un cruel ennemi et que, trois ans après, d'un trait de sa plume audacieuse et cynique, celui-ci rendrait la guerre inévitable entre la Prusse et la France.

L'entrevue de Salzbourg, où Napoléon et François-Joseph firent une tentative d'union contre la Prusse, n'aboutit à rien. Bismarck se contenta de déclarer que la Prusse et les États du Sud choisiraient l'heure opportune où ils feraient tomber la barrière du Mein. Il renforçait en même temps tous les moyens d'action de la Prusse. Ainsi, aux Chambres constitutionnelles et au Reichstag, comme au Conseil fédéral, Bismarck qui s'était fait nommer chancelier et président du Conseil, ajouta le Zollparlement pour maintenir l'union douanière. Comme on lui reprochait alors de n'être pas assez libéral : « Je tuerai, dit-il, le parlementarisme par les Parlements. » Cela ne l'empêcha pas de faire observer qu'il était inutile et même périlleux de déclarer trop tôt la guerre à la France. Il convenait encore d'attendre. Quoi? Que les effectifs allemands fussent tous au complet, car la Prusse aurait à lutter contre les vieux soldats de Crimée et d'Italie et il importait d'être quatre contre un. Il disait alors : « Il ne faut pas que l'impression qu'on a de notre force soit diminuée ; non, il faut au contraire qu'elle soit accrue. On ne regarde pas aux armes qu'on emploie. Dans la lutte pour la vie et pour la gloire, *tout est bon.* » Il le prouvera largement.

Ayant réglé les questions si délicates de l'organisation de la nouvelle Confédération, Bismarck eut à discuter sur des points politiques ajournés et déclara ouvertement que le suffrage universel dont il allait doter son pays, était un héritage qu'il avait précieusement recueilli des tendances unitaires de l'Allemagne. Il croyait alors trouver plus d'intelligence dans les sentiments du peuple que dans la réflexion des électeurs du second degré pour le choix des candidats. Il acceptait volontiers une Chambre haute comme un frein utile adapté à la machine de l'État.

La seconde session de 1867 et celle du Reichstag en 1868 sont pour lui fertiles en débats et en études de tout genre : réforme hypothécaire, service militaire fédéral, traités douaniers avec les États du Sud, responsabilité des fonctionnaires. Dans la session de 1869, Bismarck cherche à éviter les conflits entre le Reichstag et la Chambre des députés prussienne. Son activité est prodigieuse. Au Conseil des ministres, au Landtag, au Reichstag, au Conseil fédéral, au Bundesrath, il déploie une puissance de travail sans égale. Au commencement de 1870, il peut dire aux deux Chambres réunies que le pouvoir législatif a aidé le gouvernement à réduire les embarras financiers, à amortir la dette publique, à diminuer les dépenses, à rétablir l'équilibre sans accroissement d'impôts. Lors de la discussion du projet du Code fédéral en mars 1870, il parlera de la grandeur du but qu'il a sans cesse sous les yeux, but national avant tout. « Gardons, disait-il, cette source ou nous puisons le droit d'être vigoureux et d'écraser sous un pied de fer tout ce qui ferait obstacle au rétablissement de la nation allemande dans sa splendeur et dans sa puissance !... »

Ces paroles signifiaient que les résultats de la paix avec l'Autriche n'avaient pas donné à Bismarck toute la satisfaction espérée. L'Allemagne du Sud restait peu sympathique à une union forcée qui accroissait pour elle les charges militaires et financières et réduisait en somme ses libertés. En Prusse, un mouvement se dessinait contre le militarisme dont le joug paraissait trop pénible. Les sociétés ouvrières s'agitaient. Le socialisme levait la tête. Il fallait donc briser toutes ces résistances et dissiper toutes ces menaces. C'est ce que Bismarck décida. Il comptait pour réussir encore sur son audace et sur la fortune. Toutes deux le servirent comme il voulait être servi.

VIII

LA GUERRE DE 1870-1871

Après l'essai brillant des forces militaires prussiennes contre le Danemark et l'Autriche, l'idée d'une guerre contre la France, nécessaire à l'achèvement de l'œuvre allemande, devint une idée obsédante chez Bismarck. Il avait fait accroître les ressources militaires de sa nation, développer ses armements, préparer un plan d'attaque et d'invasion, tandis que chez nous tout était négligé. En vain des esprits actifs et avisés conseillaient-ils des réformes et des améliorations, nul ne les écoutait.

Ce fut en 1869 que l'orage commença à se former et que la candidature du prince Léopold de Hohenzollern au trône d'Espagne apparut menaçante. Benedetti en eut presque aussitôt connaissance et, sans prendre de détours, questionna Bismarck à ce sujet. Celui-ci se récria. La chose n'était pas sérieuse, et cependant un agent de Bismarck, le sieur Bernhardi, se remuait à ce moment même pour le succès de cette candidature qui devait amener une nouvelle guerre, et quelle guerre !... Le député Salazar, pressenti par lui, vint en juin 1870 s'entendre nettement avec Bismarck, et le 28 juin, le roi de Prusse accéda aux désirs ambitieux du prince Léopold. Le 2 juillet, le maréchal Prim confia la nouvelle à l'ambassadeur de France à Madrid. Le 3, l'agence Havas l'apprit aux journaux.

Bismarck essaya encore de ruser. Il prétendit que la question n'était point allemande. Il voulait faire croire que le prince Léopold deviendrait plutôt Espagnol en prenant la couronne et que l'accord entre la France et l'Espagne serait beaucoup plus probable qu'une entente hispano-allemande et anti-française. Quant à lui, il se déclarait indifférent à la question qui commençait à agiter la France. Mais notre diplomatie ne se contentait pas de ces réponses banales. Elle insistait auprès de Bismarck pour être mieux éclairée. Et le fin diplomate, avec un-sang froid superbe, affirmait ne rien savoir du fond même de la question. C'était aux Espagnols seuls qu'il fallait s'adresser. Il se gardait bien d'avouer que la candidature du prince Léopold avait été machinée entre Prim, Salazar et lui avec l'assentiment de Guillaume Ier. Bientôt les événements se précipitent. Le 8 juillet au soir, Benedetti arrive à Ems. Sa mission est très précise. Il s'agit de décider le roi de Prusse à inviter le prince de Hohenzollern à revenir sur sa détermination.

Le roi répondit à l'ambassadeur français que cela dépendait du candidat seul. Mais tout en se déclarant étranger à l'affaire, Guillaume invitait secrètement le prince à se désister. Ses invitations demeuraient sans réponse. Benedetti, de son côté, réitérait le désir d'une prompte solution. Enfin, le 10 juillet, arriva une dépêche du prince Antoine, père de Léopold, qui répondait qu'on ne pouvait reculer. Le 11, poussé par Bismarck, il renouvelait cette déclaration et conseillait au roi de rompre. Sur de nouvelles instances de Benedetti, Guillaume se fâchait presque, mais son irritation n'allait pas jusqu'à tout briser, ainsi que Bismarck l'aurait voulu. « Dieu veuille, écrivait Guillaume à la reine, que les Hohenzollern soient raisonnables!... » Le 12, Bismarck croyait si bien à une rupture très prochaine qu'il s'acheminait vers Ems, afin d'appuyer les convocations nécessaires à la mobilisation.

En arrivant à Berlin, il apprit avec dépit que le roi continuait à négocier avec Benedetti, et que le prince Léopold paraissait, d'après les dernières nouvelles, disposé à refuser. Si cela était, Bismarck allait se retirer, parce que le recul du prince était une grande humiliation pour lui et pour l'Allemagne. Profondément vexé, il télégraphiait aux siens de ne point faire leurs malles, car il comptait revenir auprès d'eux. « Nous avions reçu maintenant, disait-il, un soufflet de la France et en cédant, nous nous étions mis dans la situation d'avoir l'air de chercheurs de noises, lorsque nous en viendrons à la guerre qui seule pourrait laver la tache. »

Ce refus sensationnel aurait pu changer la face des choses. Si le cabinet des Tuileries eût su profiter de la situation, il remportait une victoire considérable, sans perdre un homme, sans débourser un écu. « Ma position était intenable », avoue Bismarck lui-même. Quelle ruine subite de ses projets si bien ourdis, si bien préparés! Toute l'avance gagnée en 1866 pour achever l'évolution nationale allait donc être perdue!... Mais le roi Guillaume, que son grand âge et la crainte de perdre les lauriers de 1866 dans une aventure pareille à celle d'Iéna, rendaient plus pacifique que son ministre, ne cacha pas sa joie au moment où il apprit le désistement du prince Léopold. « C'est une pierre qui m'est enlevée de la poitrine! » écrivait-il à Augusta. Mais il ajoutait aussitôt: « N'en parle à personne afin que la nouvelle ne vienne pas de nous. Je n'en dirai rien aussi à Benedetti jusqu'à ce que nous ayons la lettre en main. Il importe donc encore davantage que toi tu fasses savoir à dessein que j'avais tout remis à la discrétion des Hohenzollern, soit pour accepter, soit pour prendre une décision définitive. » Cet aveu mystérieux est à retenir. Il montre bien que le roi espérait échapper au reproche d'une concession personnelle en faisant tout retomber sur les Hohenzollern. C'était là tout le secret de ses atermoiements; le présomptueux Gramont et ses collègues ne le comprirent pas ou ne voulurent pas le comprendre.

Aussi le 13 juillet, tout va-t-il se gâter. Guillaume communique à l'ambassadeur français le numéro de la *Gazette de Cologne* où se trouve la nouvelle du désistement attendu. Mais Benedetti a reçu de son ministre l'ordre d'exiger des garanties pour l'avenir. C'était permettre à Bismarck de se ressaisir et de rouvrir le piège. Le roi froissé refusa de s'engager « à tout jamais ». Benedetti insista. Le roi répéta qu'il n'avait aucun dessein caché et que cette affaire lui avait donné « de trop graves préoccupations pour ne pas désirer qu'elle fût irrévocablement écartée. » Il promit encore à l'ambassadeur de l'appeler aussitôt qu'il aurait reçu la lettre officielle du désistement.

Dans l'intervalle — car chaque heure de cette fatale journée devait être marquée par un incident significatif, — l'ambassadeur allemand à Paris, le comte Werther, envoyait à Ems un modèle de note dictée par le duc de Gramont pour amener le roi à déclarer officiellement qu'il n'avait pas cru porter atteinte ni aux intérêts ni à la dignité de la nation française. Cette note irrita profondément Guillaume qui regretta que Werther n'eût pas, à son seul énoncé, quitté Paris et prévenu M. de Bismarck.

C'est la première fois que le nom du ministre est prononcé en cette affaire et bientôt les choses vont prendre une autre face.

Cependant, à la réception du courrier de Sigmaringen, le roi envoie son aide de camp Radziwill à Benedetti pour l'autoriser à mander à Gramont qu'il approuve la renonciation du prince Léopold. Or, tandis que Bismarck, qui s'indignait à la pensée que son souverain continuât directement à négocier avec l'ambassadeur français, cherchait le moyen de prendre sa revanche et de provoquer enfin la rupture tant désirée par lui, qu'arrive-t-il ? C'est que la sottise et la fatuité du duc de Gramont vont le tirer de ses cruels embarras. Mais, une troisième fois, Radziwill revient auprès de Benedetti — il était cinq heures et demie du soir, — et déclare que le roi refuse de s'engager dans de nouvelles discussions et se borne à se référer à ses promesses du matin. Toutefois Guillaume ne congédie pas l'ambassadeur français. Il lui fait dire aimablement par Radziwill qu'il l'autorise à venir le lendemain le saluer à la gare d'Ems avant son départ pour Coblenz. Il n'y a donc eu à Ems ni insulteur ni insulté.

C'est alors que Bismarck va se mettre à l'œuvre. Il ne connaît encore qu'un fait : la renonciation du prince Léopold, et il s'ingénie à chercher les moyens d'inventer au plus tôt quelque nouvelle et habile querelle pour rallumer des hostilités qui paraissent s'éteindre. La chose est difficile et il ne cache pas son découragement. A Roon et à de Moltke qu'il avait invités à dîner pour le 13 juillet, il confie son intention de quitter les affaires. Un colloque très vif s'engage et à ce moment — il est cinq heures neuf minutes, — on prévient Bismarck qu'une dépêche chiffrée, signée Abeken, et partie d'Ems à 3 h. 50, vient d'arriver. Bientôt on lui en apporte la traduction.

Cette dépêche, dont je donnerai un peu plus loin le texte d'après Caprivi, en le confrontant avec le texte modifié par Bismarck, informait le ministre des Affaires étrangères que Benedetti avait voulu exiger du roi un engagement formel par lequel Sa Majesté s'opposerait pour l'avenir à toute candidature nouvelle des Hohenzollern. Le roi disait qu'il l'avait refusé « d'un ton assez sérieux » et que le gouvernement prussien était en cette affaire hors de cause. Depuis était survenue la lettre de désistement du prince Léopold et le roi avait résolu de ne plus recevoir l'ambassadeur, tout en lui faisant annoncer la confirmation de la nouvelle du désistement. Abeken terminait lui-même la dépêche en prévenant Bismarck que le roi lui laissait le soin de décider si la nouvelle exigence de Benedetti et le refus qu'il lui avait opposé ne devaient pas être aussitôt communiqués aux ambassades et aux journaux prussiens. Lorsque Bismarck lut cette dépêche — et ses *Souvenirs* ne font intentionnellement aucune mention des autres dépêches reçues à la suite, ni du rapport de Radziwill qui rendait compte de ses trois visites à Benedetti et qui ne relatait aucune offense ni d'une part ni de l'autre, — ses hôtes furent atterrés « *au point d'oublier de boire et de manger !* » Ce simple détail indique combien leur déception et leur consternation étaient grandes. Mais le diplomate reparaît aussitôt chez

Bismarck. Il relit une seconde fois, puis une troisième fois la dépêche et s'arrête aux dernières lignes, c'est-à-dire à l'autorisation donnée par Abeken, au nom du roi, de communiquer, s'il le veut, la dépêche aux ambassades et à la presse de Prusse.

Que va-t-il faire ? Il prendra cette autorisation dans le sens le plus étendu, que dis-je ! le plus extraordinaire. Il se donnera le droit d'arranger la dépêche à sa guise, avant de l'expédier.

Auparavant, il pose à de Moltke deux dernières questions sur son degré de confiance dans l'état des armements du pays et sur la rapidité de la mobilisation. Moltke répond qu'il est prêt et qu'il vaut mieux ouvrir immédiatement les hostilités que de traîner les choses en longueur. Bismarck comprend. Il va s'asseoir à une petite table voisine de la table du repas. Il relit une quatrième fois la dépêche, prend son grand crayon et raye délibérément tout le passage où il était reconnu que Benedetti avait demandé une audience nouvelle.

Il veut rendre toute conciliation impossible en renversant le sens de la dépêche et en faisant croire que l'ambassadeur de France a, par ses prétentions insolentes, mérité d'être congédié par le roi. Il va souffler aux journalistes, ses serviteurs, la colère et la vengeance et exaspérer les susceptibilités allemandes. Écoutez-le dire à Moltke et à Roon : « Il est essentiel que nous soyons les attaqués. La présomption et la susceptibilité gauloises nous donneront ce rôle si nous annonçons publiquement à l'Europe, *autant que possible sans l'intermédiaire du Reichstag*, que nous acceptons sans crainte les menaces publiques de la France. » C'est la troisième fois qu'il va se passer du Reichstag. Quant au texte qu'il est prêt à falsifier, il s'est rappelé un mot dit par lui en 1869 sur l'un de ses collègues : « Il ment comme une dépêche ! » et il va le justifier pour son propre compte.

Il se déclare autorisé à faire les ratures absolument nécessaires. « On m'avait laissé libre de publier la dépêche *in extenso* ou par extraits. Je n'ai pas regretté d'avoir fait des extraits. » Cela est faux, car la dépêche transmise par Abeken n'accordait nullement cette autorisation. Mais Bismarck la prend lui-même, avec l'assentiment de Roon et de Moltke.

Pour que le lecteur comprenne bien « la façon » dont Bismarck a arrangé le texte, je mets ci-après la dépêche d'Ems transmise par Abeken en face de la dépêche modifiée. On va voir si Bismarck a, comme il le dit, « laissé subsister la tête et la queue » et l'on saisira mieux l'exclamation laudative de Moltke et de Roon : « Magnifique ! cela va produire son effet ! »

Dépêche envoyée par Abeken à Bismarck et communiquée au Reichstag le 24 novembre 1892 par le chancelier de Caprivi.	*Même dépêche reçue à Berlin à 5 h. 09 s., arrangée par Bismarck et communiquée aussitôt à la presse et aux ambassades.*
Ems, le 13 juillet, 3 h. 40 s. « Sa Majesté m'écrit :	« La nouvelle du renoncement du prince héritier de

Benedetti m'a abordé à la promenade pour me demander finalement d'une manière très pressante de l'autoriser à télégraphier que je m'engageais pour toujours à ne jamais plus donner mon approbation si les Hohenzollern posaient de nouveau leur candidature. J'ai refusé d'un ton assez sérieux à la fin de notre conversation, parce qu'on ne doit pas et qu'on ne peut pas prendre de pareils engagements à tout jamais. Je lui dis tout naturellement que je n'avais encore rien reçu et qu'il pouvait se rendre compte facilement, comme il était informé avant moi des nouvelles de Paris et de Madrid, que mon gouvernement était hors de cause. »

Sa Majesté a reçu à l'instant même une lettre du prince. Comme Sa Majesté avait dit à Benedetti qu'il attendait des nouvelles du prince, le roi a décidé, sur la proposition du comte Eulenbourg et de moi, et en considération des opinions exprimées plus haut, de ne plus recevoir Benedetti, et de lui faire dire par son aide de camp que Sa Majesté avait reçu du comte Bismarck la confirmation de la nouvelle que Benedetti avait déjà reçue de Paris et que Sa Majesté n'avait plus rien à dire à l'ambassadeur.

Sa Majesté s'en remet à Votre Excellence pour décider si la nouvelle réclamation de Benedetti et le refus qui lui a été opposé doivent être communiqués à nos ministres, à l'étranger et à la presse.

Hohenzollern a été officiellement communiquée au gouvernement impérial français par le gouvernement royal espagnol. Depuis, l'ambassadeur français a encore adressé à Ems, à S. M. le Roi, la demande de l'autoriser à télégraphier à Paris que S. M. le Roi, à tout jamais, s'engageait à ne plus donner son consentement si les Hohenzollern devaient revenir sur leur candidature. S. M. le Roi là-dessus a refusé de recevoir encore l'ambassadeur français et lui a fait dire par l'aide de camp de service que S. M. n'avait plus rien à communiquer à l'ambassadeur. »

Ainsi d'une dépêche qui contenait 232 mots, Bismarck faisait une dépêche de 100 mots. Il la bouleversait, comme on vient de le voir, il la modifiait radicalement, et d'un texte qui laissait encore l'espoir de négociations ultérieures, il faisait un texte menaçant et insultant pour la nation française. Je dois faire encore observer qu'entre la dépêche d'Ems lue le 24 novembre 1892 au Reichstag par le chancelier de Caprivi et la dépêche de même provenance citée par Bismarck dans ses *Pensées et Souvenirs* (t. 2, p. 104), il y a cinq différences de rédaction dont trois notables. Ainsi du mot « abordé » Bismarck avait fait « arrêté au passage » ; des mots « très pressante » il avait fait « très indiscrète » ; des mots « assez sérieux » il avait fait « assez sévèrement ». Ceci permet de constater que les *Souvenirs et Pensées* ont arrangé encore une fois la dépêche initiale.

Bismarck a l'audace de dire, et il suffit de confronter les deux textes pour apprécier la valeur de sa déclaration : « *ce texte n'apporte aucunes modifications ni aucunes additions à la dépêche.* « Puis il ajoute : « Si, exécutant le mandat de Sa Majesté, je le communique aussitôt aux journaux » (le mot *aussitôt* n'était pas dans l'original) « et si, en outre, je le télégraphie à toutes nos ambassades, il sera connu à Paris avant minuit. Non seulement par ce qu'il dit, mais aussi par la façon dont il aura été répandu, il va produire là-bas, sur le taureau gaulois, l'effet du drapeau rouge... Le succès dépend avant tout des impressions que l'origine de la guerre provoquera chez nous et chez les autres. Il est essentiel que nous soyons les attaqués... » Voilà ce que l'impéritie d'un Gramont permettait à l'adresse audacieuse d'un Bismarck !

Le ministre envoie donc à toute l'Europe le texte arrangé par lui, puis il se remet à table avec de Roon et de Moltke... Maintenant que les dés de fer sont jetés, soyez gais, bons compagnons ! Soyez-le de façon à surprendre Bismarck lui-même, retrouvez l'envie de manger et de boire, versez-vous rasades sur rasades et causez joyeusement ! *Gaudeamus igitur !*... Toi, Roon, prédis la victoire ! Toi, Moltke, quitte ta face de spectre, reprends des couleurs et de la vie, sors de ta passivité froide, frappe-toi gaîment la poitrine, regarde le plafond comme si c'était le ciel et déclare que si tu peux vivre assez pour diriger l'armée jusqu'au bout de la campagne, tu offriras ensuite « ta vieille carcasse au diable ! » Oui, parlez, mangez, buvez à votre aise et ne voyez pas là-bas sur d'immenses champs de bataille ensanglantés et labourés par les obus et les balles des tas de cadavres mutilés, des milliers de blessés qui hurlent de douleur et appellent la mort ; n'entendez pas les cris de désespoir et de malédiction des mères, des veuves et des orphelins, n'apercevez pas les villes et les villages en feu, les foyers dévastés, les campagnes désertes, ne pensez pas que cette guerre, déchaînée par quelques hardis coups de crayon, va créer entre deux grands pays une barrière sanglante et répandre des germes de colère et de haine que les années seront impuissantes à détruire !

Chose étrange, la crainte de la paix les avait faits silencieux et mornes, et voilà que la certitude de la guerre, avec son cortège d'horreurs, de massacres, de ruines et de misères, leur a rendu l'envie de manger, de boire et de rire. Ce repas joyeux se prolonge assez pour que les trois convives reçoivent enfin la nouvelle de l'effet produit à Paris par la dépêche falsifiée. Elle y avait éclaté comme une bombe. Elle avait fait croire aux Français que leur ambassadeur avait été congédié par le roi. Mensonge suprême, dont Bismarck osera se vanter au lendemain de sa disgrâce. La dépêche avait fait crier à la foule exaltée : « A Berlin ! à Berlin ! » et Bismarck y répondait par un cri de joie sauvage : « Il était là, l'effet cherché ! »

Ce n'est pas tout. La *Gazette de l'Allemagne du Nord*, répandue gratuitement dans les rues de Berlin, a reproduit la même dépêche et a persuadé aux badauds que le roi, ayant reçu une note offensante pour lui et pour l'honneur national, a renvoyé brusquement l'ambassadeur français. Le même texte circule dans toute la presse allemande et l'enthousiasme allemand ressemble à un fleuve qui brise ses écluses. Le lendemain, le roi, cédant aux instances de Bismarck, revint à Berlin. Surpris par la joie farouche du peuple et par ses acclamations, « il ne comprenait pas encore ce qui s'était passé ». Il ne se doutait pas qu'une dépêche, qui laissait la porte ouverte à des négociations ultérieures, était devenue subitement une dépêche de guerre. Mais que pouvait-il dire contre le fait accompli? Qu'opposer à l'irréparable? Rien. L'enthousiasme inouï de Berlin l'émeut et l'ébranle. Il croit à une guerre nationale et il obéit au point d'honneur. Il va, il ira de l'avant.

Bismarck était donc arrivé à ses fins. L'incapacité vaniteuse du duc de Gramont et la faiblesse de ses collègues, la faiblesse encore plus grande de Napoléon l'avaient servi au delà de toute idée. Il restait à l'Empire une dernière chance d'accommodement. Si la commission des crédits au Corps législatif avait écouté son président, le duc d'Albuféra, qui priait le ministère d'attendre le retour de Benedetti pour permettre de contrôler la dépêche d'Ems par l'exacte relation des faits, tout eût pu être sauvé encore. Mais la commission passa outre et tout fut perdu.

Bismarck peut maintenant faire ce qu'il veut, tromper l'opinion et ses représentants, mentir impudemment. Sûr du triomphe, il se croit sûr de l'impunité. Mais c'est en vain que, plus tard, il voudra faire de sa perfidie un titre de gloire. C'est en vain que Caprivi, son successeur, essaiera de le défendre au Reichstag en affirmant qu'il avait exécuté correctement une décision que le roi le laissait libre de prendre. Tous les esprits loyaux et indépendants demanderont alors comment le roi avait pu dire lui-même à Benedetti, en le recevant, le 14 juillet à la gare d'Ems, « que les négociations ultérieures seraient continuées avec son gouvernement ». C'est encore en vain que Bismarck fera connaître à un journaliste allemand la conduite audacieuse qu'il a tenue le 13 juillet, afin de dévoiler toute l'ingratitude du nouveau souverain qui n'a pas su reconnaître que, sans lui, la guerre n'eût pas eu lieu et que la France eût pu remporter une insolente victoire diplomatique. La publication cynique de son faux, quoi qu'en ait dit M. de Sybel, a été accueillie avec tristesse et avec honte dans toute l'Allemagne civilisée. Si la mémoire du chancelier cherchait une auréole, elle l'a obtenue, mais après les tueries de la dernière guerre, ce n'est qu'une auréole de sang.

Le 20 juillet, il entre superbement au Reichstag et il dit qu'il n'a reçu dans toute cette affaire qu'une communication officielle, c'est la déclaration de guerre. « Tous les entretiens du comte Benedetti avec Sa Majesté à Ems, affirme-t-il, n'ont été que des conversations particulières et de nature privée sans aucune valeur officielle pour les relations internationales. » Cette affirmation n'était pas sincère, car si la France eût accepté l'adhésion formelle du roi au désistement du prince de Hohenzollern, Bismarck eût donné aussitôt sa démission. Donc, c'était plus que des conversations particulières.

Parlant de la dépêche envoyée le 13 juillet au

soir, il soutenait que ce n'était qu'une note destinée à orienter les représentants prussiens près les Cours allemandes et les autres Cours. Il appelait cette provocation irritante « un simple télégramme d'informations ». Il accusait enfin la France d'avoir pris l'initiative de la guerre par une offense directe au roi et au sentiment national allemand. Ceci dit, il clôturait le Reichstag en le remerciant d'avoir répondu avec tant de promptitude aux besoins de la patrie. Bismarck, prêt à tout, sait ce qu'il fait et où il va. La Russie restera neutre; l'Autriche, qui aurait aidé la France si elle eût été prête, restera neutre; l'Italie, qui avait promis son alliance à l'Empire, restera neutre; l'Angleterre, qui aurait désiré empêcher la guerre, restera neutre. Les puissances assisteront à cette lutte terrible, les bras croisés. Si quelques étrangers bougent, ce sera contre nous. Des Italiens viennent en effet trouver Bismarck et lui demandent de l'argent et des armes pour combattre Victor-Emmanuel, s'il ose venir en aide à la France. L'Europe, se laissant volontiers tromper par les feuilles allemandes qui, toutes, donnent la même note avec une singulière unanimité, croit que le signal de la guerre est parti de la France et se montre prête à l'en rendre responsable. Laissez venir les premiers revers et sa croyance deviendra une certitude.

L'Empire français a permis stupidement à la Prusse d'écraser le Danemark et l'Autriche. Son tour est venu. On a eu beau l'avertir, il n'a rien écouté. Il a laissé la Prusse augmenter ses forces et tout préparer pour une guerre sans merci. Il s'est confié au hasard, à ce qu'il appelait sa bonne étoile, et il va droit à l'abîme. Rien n'est en ordre, ni troupes, ni places fortes, ni matériel de guerre. La France a à peine 250 000 hommes à opposer aux 450 000 Allemands qui sont déjà massés sur nos frontières et qui vont dans quelques jours être 800 000. Malgré un héroïsme, auquel on ne saura jamais assez rendre hommage, nos soldats furent vaincus à Wissembourg, à Frœchswiller, à Forbach. Mais le champ de bataille nous était resté à Borny, et à Rezonville les chances étaient demeurées égales. On peut même affirmer, sans crainte d'une contestation, que si le 16 août, le maréchal Bazaine eût compris et fait tout son devoir, l'armée française eût jeté les Allemands dans la Moselle, et quel aurait été l'effet de cette seule victoire, obtenue en dehors de toute préparation et avec une infériorité de forces? « On ne peut pas dire, reconnaît Bismarck lui-même, quelles déterminations auraient été prises à Vienne et à Florence, si la victoire à Wœrth, à Spickeren, à Mars-la-Tour, fût échue aux Français. » Une même chance de victoire nous était réservée le jour de Saint-Privat, le 18 août, jour où la garde prussienne fut écrasée par le feu de l'infanterie française et où une démonstration opportune des grenadiers et de l'artillerie de la Garde, à cinq heures du soir, pouvait décider en notre faveur du succès de la bataille. Là encore Bazaine resta témoin inactif et se laissa ensuite investir dans Metz qu'il devait livrer à l'ennemi par la plus abominable des trahisons. Le désastre de Sedan précéda celui de Metz. Mac-Mahon, croyant à une sortie de Bazaine, voulut lui donner la main et se réunir à lui. Bazaine ne sortit pas. Après la bataille de Beaumont, Mac-Mahon fut forcé de renoncer à sa marche vers l'Est et la journée du 1er septembre vit lutter héroïquement, à Sedan et à Bazeilles, 120000 Français contre 200000 Allemands qui avaient la supériorité du nombre, de l'artillerie et de la position... L'Empire s'écroule, mais la France existe toujours. Paris et la province se défendent avec un courage et une obstination superbes. Les armées sortent du sol et la Défense nationale sauve l'honneur de la patrie.

Cette résistance acharnée sur la Loire, dans le Nord et dans l'Est, étonne Bismarck qui croyait seulement à une guerre de quelques semaines. Moltke lui-même est surpris et inquiet. Un moment, comme le prouve sa correspondance, il craint d'être obligé de lever le blocus de Paris et d'abandonner même le matériel de siège. Bismarck maudissait l'opiniâtreté de la capitale et regrettait qu'on n'eût pas encore employé contre elle les mesures les plus terribles. Il se plaignait des lenteurs du bombardement, alors que « le moment psychologique » était arrivé. Il se plaignait que dans les hauts milieux féminins (lisez : à la Cour) on réclamât la réduction par la famine comme un système plus humain. Le retard du dénouement final lui causait de vives inquiétudes. Qui sait si M. Thiers, qui avait voyagé d'une capitale à l'autre, ne finirait point par retrouver l'Europe? « Il eût suffi, avoue-t-il, de la moindre impulsion qu'un cabinet eût donnée à l'autre. » Parole à retenir, car elle montre combien a été néfaste l'inaction de l'Europe. En effet, la situation si troublée de tous les États depuis trente ans, la crainte d'une seule explosion qui ferait aussitôt jaillir d'autres explosions formidables, l'écrasement des petites puissances, la force substituée au droit, tout cela vient de cette lâche et coupable indifférence !

Oui, une intervention était possible et elle aurait certainement contribué à adoucir les conditions de la paix. On le comprend aux inquiétudes que ne cesse de manifester Bismarck en présence de la stagnation du siège de Paris. Ses nuits en étaient tourmentées. Il fallait donc écraser ce Paris opiniâtre, mais le bombardement exigeait des dépenses considérables, et des doutes s'étaient élevés dans l'entourage du roi pour savoir si l'on pouvait consacrer à cet effet des millions destinés au service ordinaire de la guerre. Roon s'en ouvrit un jour à Bismarck. Il lui montra les difficultés de la tâche. Bismarck lui offrit de prendre sur la Caisse fédérale l'argent nécessaire. Roon accepta, et le résultat fut le bombardement du mont Avron et de la capitale, que les Prussiens attendaient « avec une impatience douloureuse et qui fut salué par des cris de joie. » Cependant, si les vivres n'eussent manqué, le bombardement n'eût pas à lui seul amené la reddition de Paris.

Quelques jours avant la capitulation, eut lieu à Versailles la proclamation de l'Empire allemand. Par le traité du 23 novembre 1870, les États du Sud étaient entrés dans la Confédération de l'Allemagne du Nord. Du moment qu'on élargissait cette confédération, il apparaissait que l'adoption par le roi du titre d'empereur était une mesure qui s'imposait, afin de favoriser et de fortifier l'unité nationale. Mais pour y arriver, on avait à vaincre deux résistances, celle du roi Louis II de Bavière et celle du roi de Prusse lui-même. Bismarck entama d'abord une habile négociation avec le roi de Bavière, cherchant à lui persuader que le titre d'empereur allemand pris par le roi de Prusse, comme président de la Confédération des États, permettrait à ceux-ci d'accepter plus facilement un chef suprême. Le roi Louis II, après bien des hésitations et des exigences, finit par adhérer aux propositions de Bismarck à la condition formelle que la Bavière conserverait son organisation indépendante, ce qui était parfaitement conciliable avec une sincère politique fédérative. Bismarck le lui promit. Mais Guillaume Ier, qui tenait à montrer aux autres dynasties la supériorité de la dynastie prussienne, ne tenait pas, en apparence du moins, à l'Empire. Aux premières ouvertures de Bismarck il avait répondu : « Que voulez-vous que je fasse de ce titre de commandant honoraire ? » A quoi Bismarck répliqua : « Votre Majesté ne veut pourtant pas rester éternellement un substantif neutre : *Das Præsidium* ? » Il paraît que le prince royal, lui aussi, n'attachait point une importance spéciale au titre impérial. Il se rappelait que l'héritage de l'Empire romain, ressuscité par Charlemagne, avait été une conception funeste pour la nation allemande. Le prince pouvait ne pas tenir au titre impérial pour des raisons historiques ou philosophiques, mais, en réalité, le roi de Prusse voulait plus que le titre et que l'honneur. Il voulait la puissance effective, c'est-à-dire tenir l'Allemagne sous ses lois et sous sa puissance directe.

Enfin le roi de Prusse cède aux instances de Bismarck et consent à être empereur, mais « empereur d'Allemagne ». Il dévoile toute son ambition et repousse le titre de « empereur allemand ». En vain, Bismarck fait-il observer qu'on avait toujours dit « empereur romain et non empereur de Rome », que les effigies de Frédéric le Grand et de Frédéric-Guillaume II portaient dans les monnaies le titre de *Borussorum* et non pas de *Borussiæ rex*, le roi ne veut pas se laisser convaincre. La situation devient grave, Bismarck craint que le roi de Bavière ne refuse d'adhérer à la nouvelle Constitution impériale, si le roi de Prusse persiste à prendre le titre d'empereur d'Allemagne. Le prince royal partageait à cet égard les idées de Bismarck, ce qui irrita plus encore Guillaume Ier. Dans un entretien avec son ministre, et devant le prince, le roi frappa la table du poing et fit entendre que sa volonté était absolue. Il voulait, dans la galerie des Glaces, à Versailles, le 18 janvier, recevoir officiellement le titre d'empereur d'Allemagne. Et cependant Bismarck osa résister.

Le matin même de la cérémonie, il va trouver le grand-duc de Bade. Il lui demande quel titre il donnera au nouvel empereur. Le grand-duc répond : « Empereur d'Allemagne, suivant l'ordre de Sa Majesté. » Bismarck reprend alors tous ses arguments et démontre que le vivat final ne peut être poussé sous cette forme, car le texte de la Constitution impériale qui portait la dénomination d' « empereur allemand » était déjà fixé par une décision formelle du Reichstag. Qui osera faire opposition à la décision souveraine de l'Assemblée ?... Le grand-duc inquiet se rend auprès du roi. Que se dirent-ils ? On ne le sut jamais. Seulement, lorsqu'eut lieu la lecture de la proclamation, le grand-duc de Bade se contenta de pousser un vivat en l'honneur de Guillaume Ier.

Le tableau commémoratif de cette grande scène historique a été fait par le peintre officiel de la Cour, A. de Werner. Je l'ai vu dans la salle des Héros à Berlin et je me rappelle encore cette scène pompeuse : toutes ces épées levées devant l'empereur, tous ces officiers acclamant le nouveau souverain et ces cuirassiers énormes, géants impassibles qui gardent le trône, pendant que Bismarck, en avant des officiers, tient en main la proclamation et contemple son maître avec un orgueil satisfait. C'était bien là son œuvre, mais comment devait-il en être récompensé ? Ecoutez-le : « Sa Majesté, dit-il, m'en voulut tellement de la façon dont les choses s'étaient passées que, descendant de l'estrade élevée des princes, Elle affecta de ne pas me voir, alors que je me trouvai seul dans l'espace libre en avant de l'estrade, et passant devant moi, Elle alla donner la main aux généraux qui se tenaient derrière !... » L'ingratitude était notoire, mais cela n'empêchait pas qu'il avait fallu quand même se rendre aux conseils de Bismarck et se contenter du titre réduit. Le chancelier avait sur la volonté du monarque fait prédominer sa volonté personnelle pour les intérêts de la politique allemande.

Le 28 janvier 1871, Paris capitulait après cent trente jours de siège et après une résistance qui restera son honneur. Un armistice de vingt et un jours permettait la convocation d'une Assemblée nationale pour statuer sur la continuation des hostilités ou la conclusion de la paix. M. Thiers, élu par vingt-sept départements qui reconnaissaient ainsi le patriotisme dont il avait fait preuve avant et pendant la guerre, fut porté au pouvoir par l'Assemblée. Grâce à ses courageux et constants efforts, les préliminaires de paix signés à Versailles entre lui et Bismarck furent approuvés le 1er mars à Bordeaux. Les conditions étaient des plus douloureuses. Sur les exigences du grand état-major allemand auquel se rallia Bismarck, il fallut céder l'Alsace et la Lorraine et consentir à payer une indemnité colossale de cinq milliards. La France conservait seulement du territoire alsacien la partie de Belfort dont la forteresse avait bravé les assauts des Prussiens, et comme on demandait à M. Thiers, avant le vote du 1er mars, comment il avait pu garder ce lambeau précieux, il s'écria, et je tiens ce cri d'un honorable témoin : « Messieurs, je l'ai arraché avec mon désespoir ! » Il convient d'ajouter qu'il avait été aidé dans cette lutte désespérée par la bravoure de nos soldats et voici ce qu'il confia lui-même au maréchal Canrobert. L'empereur d'Allemagne voulait, dans la nouvelle délimitation du territoire français et de l'Empire, conserver les champs de bataille de Saint-Privat et de Gravelotte sur lesquels il n'avait aucun droit, mais où la garde prussienne avait péri. M. Thiers y consentit, mais en demandant qu'on fut moins exigeant au sud des Vosges et ayant obtenu ce qu'il désirait, il put dire à Canrobert revenu de captivité : « Monsieur le maréchal, si nous avons conservé Belfort, c'est à l'héroïsme de nos soldats que nous le devons. »

Dans un ouvrage récent sur le prince de Bismarck, M. Charles Andler a écrit ces lignes : « On peut admettre que la France n'ait que des droits médiocres sur l'Alsace-Lorraine, après qu'elle l'a vendue pour avoir la paix... » Eh bien ! non, on ne peut pas admettre cela. J'ai eu la tristesse d'assister aux séances émouvantes de l'Assemblée nationale, à Bordeaux. Le 17 février 1871, j'ai entendu M. Keller lire à la tribune l'admirable déclaration des trente-cinq députés alsaciens-lorrains qui suppliaient leurs collègues de ne point aliéner les deux provinces. J'ai entendu les cris de douleur que cette lecture arrachait à toute l'Assemblée ; j'ai vu couler des larmes sur tous les visages, mais les malheurs de la patrie et la situation effroyable où elle se débattait inspiraient et commandaient une décision vraiment héroïque. Tout en reconnaissant avec les généreux signataires de la protestation que les Alsaciens-Lorrains gardaient le droit inviolable de rester membres de la nation française et de revendiquer éternellement ce droit, tout en partageant ces sentiments si nobles, l'Assemblée avait à choisir entre la guerre et la paix, entre le sort de deux provinces et le sort du pays tout entier. Elle accepta en gémissant une paix malheureuse mais nécessaire, puisque l'organisation militaire de la France était brisée. 380 000 Français étaient prisonniers en Allemagne et 90 000 étaient internés en Suisse ; 140 000 étaient morts pour la défense du sol et 150 000 avaient été blessés. Des forces ennemies considérables allaient écraser nos derniers débris et l'Europe gardait le silence. Continuer la lutte dans ces conditions, c'était consommer la ruine du pays. L'Assemblée comprit qu'en adoptant la paix, elle réservait l'avenir. Les députés alsaciens-lorrains le comprirent, eux aussi, et voici ce qu'ils dirent à leurs collègues : « Nous vous suivrons de nos vœux et nous attendrons, avec une confiance entière dans l'avenir, que la France régénérée reprenne le cours de ses grandes destinées. Vos frères d'Alsace et de Lorraine, séparés en ce moment de la famille commune, conservent à la France absente de leurs foyers une affection filiale jusqu'au jour où elle viendra y reprendre sa place. » Voilà comment parlaient les derniers représentants de l'Alsace-Lorraine à ceux qu'on accuse d'avoir vendu leur pays pour avoir la paix!... Les membres de l'Assemblée nationale ont obéi à la volonté du pays « qui, comme l'avait dit M. Thiers, devait être d'autant plus obéi, d'autant mieux servi, d'autant plus aimé qu'il était plus malheureux! » L'Assemblée nationale croyait d'ailleurs au relèvement et à l'avenir de la France, et elle a eu raison. A la grande surprise de Bismarck et de l'Europe, les cinq milliards ont été payés avant le terme fixé. Quant à l'Alsace et à la Lorraine, elles sont restées fidèles à la France et depuis bientôt trente ans leur germanisation n'a point fait un pas. Ce n'est point ainsi que se comporteraient des provinces que l'on aurait livrées et vendues!

Dans un entretien de M. William Jones avec le chancelier, à Versailles, en 1870, le quaker anglais parlait de la répugnance des Alsaciens-Lorrains à devenir Allemands. Bismarck lui avait répondu : « Aussi sommes-nous résolus à les regermaniser et à les rendre d'aussi loyaux sujets allemands qu'ils sont à présent de loyaux sujets français. — Et comment vous y prendrez-vous ? — Nous leur prendrons leurs enfants et nous les élèverons dans nos écoles allemandes. Nous leur prendrons leurs jeunes gens et nous les soumettrons à la discipline de notre grande armée allemande. Peut-être devrons-nous attendre le temps d'une demi-génération avant que ne s'achève le changement total, mais si vous avez l'occasion de visiter de nouveau ces provinces dans une quinzaine d'années, vous trouverez ces habitants aussi dévoués à l'Allemagne qu'ils le sont aujourd'hui à la France. » Vingt-cinq ans après cette conversation, M. William Jones visitait ces provinces. Après une enquête de ville en ville et de village en village, il conclut ainsi : « Le sentiment de répugnance pour l'annexion est resté aussi fort qu'il y a vingt-cinq ans. » Oui, les deux provinces sont demeurées aussi françaises qu'en 1870. Leur députation, dont le vénérable doyen, l'abbé Winterer, vient d'obtenir au Reichstag la fin de la dictature prussienne, est toujours aussi vaillante et aussi protestataire. La langue française est bannie de l'école, du tribunal, de l'administration, c'est vrai. Mais comment expliquer que les indigènes en Alsace savent le français plus qu'avant la guerre ? Comment nier que le culte du Souvenir, attesté entre autres par l'entretien fidèle des tombes des officiers et des soldats français, soit toujours aussi vivant qu'au premier jour ? Comment nier qu'en Lorraine les progrès des Allemands soient à peu près nuls ? Donc, sur ce point, l'œuvre de Bismarck a échoué et le défi qu'il portait à William Jones s'est tourné contre lui.

Le grand sculpteur qui a eu l'honneur et la joie de faire la *Jeanne d'Arc* que la France attendait, M. Paul Dubois, exposait au dernier Salon un groupe en cire qui représentait deux paysannes assises sur un banc. L'une, — c'était l'Alsace, — le buste droit, la tête haute et fière, interrogeait l'horizon, tandis que l'autre, — la Lorraine, — serrait fièvreusement le poing et appuyait sa tête attristée sur la poitrine de sa sœur d'exil. L'Alsace, sans se lasser de regarder et d'attendre, mettait doucement la main sur sa main et semblait lui dire : « Espère encore, espère toujours ! » Dans ce groupe simple et touchant, je retrouvais, exprimés avec une fidélité rare, les sentiments de nos deux chères provinces, la Lorraine ardente et impatiente, l'Alsace calme et sûre de l'avenir... Honneur aux artistes qui, mettant leur talent au service des nobles causes, élèvent et réconfortent ainsi les âmes !

IX

LE KULTURKAMPF — L'AFFAIRE D'ARNIM L'ALERTE DE 1875 — LE CONGRÈS DE BERLIN

Le traité de Francfort du 10 mai 1871, qui cédait à l'Empire allemand le Bas-Rhin, le Haut-Rhin et une partie de la Moselle, de la Meurthe et des Vosges, fut discuté le 18 mai à l'Assemblée nationale. Aux rigueurs de ce traité étaient venus s'ajouter les maux plus cruels encore de la guerre civile. Un instant même, Bismarck avait songé à s'entendre avec la Commune, car « en affaires » les scrupules ne le gênaient point. Mais le patriotisme de M. Thiers et l'attitude virile de l'Assemblée le ramenèrent à des négociations plus dignes.

Après les succès militaires et diplomatiques de la guerre franco-allemande, Bismarck paraissait avoir réalisé tous ses desseins. Il était chancelier de l'Empire et président de la Confédération. Le 21 mars, il avait été fait prince avec la dotation superbe de Friedrichsruh et du Sachsenwald. L'unité allemande sous le sceptre prussien était chose réalisée. Il s'agissait maintenant de faire voter la nouvelle Constitution fédérale de l'Allemagne du Nord, de créer un trésor de guerre et de doter les principaux chefs de l'armée avec nos dépouilles, de maintenir la France dans l'isolement et de faire servir une ou deux puissances à la garde des conquêtes si laborieusement obtenues. Le Reichstag impérial se réunit le 21 mars à Berlin avec une majorité gouvernementale énorme, prête en général à obéir. En prévision d'une revanche future de la France, qui reprenait déjà consistance et donnait des preuves d'une vitalité surprenante, le chancelier fit voter une augmentation des dépenses militaires pour trois ans et le budget de l'armée pour sept ans. La presse, qui menaçait d'être un obstacle à l'arbitraire gouvernemental, allait être soumise à des mesures coërcitives. Enfin, la vieille noblesse prussienne, qui avait gardé certains privilèges, devait les perdre et cela par la volonté de Bismarck qui tenait à détruire dans l'intérêt de l'unité les moindres vestiges du système féodal. On avait parlé de la neutralité possible de l'Alsace. Bismarck s'y opposa, déclarant qu'en cas de guerre cette province se réunirait aussitôt à la France. Il ne pouvait s'expliquer comment ce pays s'était tellement attaché à elle et il s'apprêtait, pour venir à bout de cette fidélité, à employer tous les moyens. En attendant une transformation qui ne devait pas se produire, il se garda bien d'annexer l'Alsace-Lorraine à la Prusse et il en fit un pays d'Empire.

Les succès de 1864, de 1866 et de 1870 avaient porté au plus haut degré l'orgueil de cet homme. Sa puissance était immense et il voulait qu'on s'en aperçût. La Cour, le Parlement, l'Administration avaient plié devant lui. Seule, l'Église catholique, tout en ne réclamant que ce qui lui était dû, persistait à lui tenir tête. Depuis longtemps d'ailleurs les rapports entre elle et l'État prussien étaient fortement tendus. Les nationaux-libéraux, ennemis-nés de l'ultramontanisme, voulaient ravir à l'Église catholique les avantages que lui avaient reconnus l'ancienne Constitution. Le centre, dirigé par l'éloquent et infatigable Windthorst, demandait au contraire le maintien de ces avantages ou plutôt de ces droits naturels. Il aurait été pleinement satisfait si le chancelier eût voulu donner quelque appui au projet de rétablissement du pouvoir temporel. Déjà, à ce propos, au cours de la guerre de 1870, l'archevêque de Posen, le cardinal Ledochowski, avait fait une tentative auprès de Bismarck. Celui-ci, avant de s'engager, aurait voulu que le Pape agît sur le clergé français dans le sens du prompt rétablissement de la paix ; mais n'ayant point obtenu tout ce qu'il désirait, il s'abstint de s'engager dans une affaire délicate qui l'aurait brouillé avec le parti national italien. En 1871, il répondit à l'évêque de Mayence qui le priait de placer dans la Constitution impériale les articles de la Constitution prussienne relatifs aux droits de l'Église catholique, que la direction de sa politique n'était pas déterminée par un but confessionnel et que d'ailleurs l'amour de la liberté professé par l'Église « cachait le désir de la domination avec l'appui du bras séculier. » Ces paroles indiquaient une ère prochaine de violences.

Elle commença en Bavière par un blâme de Lutz, ministre des cultes, contre une instruction pastorale de l'évêque de Munich sur l'Infaillibilité. Cette mesure détermina la réunion d'un congrès en septembre 1871, où les libéraux résolurent de défendre « la supériorité de la culture de l'esprit allemand ». Telle fut l'origine du *Kulturkampf*. Lutz présenta un projet qui punissait de deux ans de prison tout ecclésiastique qui blâmerait l'État et se mêlerait des affaires publiques. Bismarck crut alors le moment favorable d'imposer à la cour de Rome un prélat dévoué à sa politique, le cardinal de Hohenlohe, comme ambassadeur d'Allemagne. Pie IX refusa. Ce fut le signal des hostilités. Le ministre Falk, âme damnée du chancelier, donna une impulsion ardente au Kulturkampf. Il supprima la division catholique au ministère des cultes et cette mesure exaspéra le centre. Bismarck déclara que cette division avait pris un caractère qu'il ne pouvait supporter. Elle défendait, à son avis, beaucoup plus les droits de l'Église que ceux de l'État, et dès lors elle était dangereuse. Aussi l'avait-il fait disparaître.

Quant à la presse catholique qui soutenait

l'Église et la cour de Rome, Bismarck blâmait ses ardeurs intempestives. Elle voulait, suivant lui, faire du catholicisme une religion d'État. Il ne le permettrait pas. La volonté de détourner les libéraux des luttes politiques intérieures, d'amoindrir l'influence du centre, d'étouffer le nationalisme polonais dans le grand duché de Posen, dans la Prusse occidentale et la haute Silésie, et d'opposer à l'autorité du Pape la prédominance de l'Empereur sur les catholiques allemands allait conduire Bismarck aux plus regrettables excès. Espérant battre en brèche l'Église catholique et confiant dans sa toute-puissance, il s'écriait, le 14 mai 1872, aux applaudissements d'une majorité enthousiaste : « Soyez sans crainte, Messieurs, nous n'allons à Canossa ni de cœur, ni d'esprit ! » Ses fidèles, par une souscription quasi nationale, firent élever alors une colonne de granit sur laquelle furent gravées ces paroles hautaines. La colonne existe encore, le granit n'a pas bougé, l'inscription est restée et cependant Bismarck a été à Canossa.

Le chancelier avait beaucoup compté sur le parti des vieux-catholiques. Il avait dit à son chef, Schulte : « Je tiens les vieux-catholiques pour les seuls catholiques à qui en réalité tout appartient. Choisissez un évêque. Demandez qu'il soit reconnu. Nous ne pouvons nous y refuser, puisqu'il est acquis que, par suite du Concile du Vatican, tout est devenu caduc. Soyez convaincu de ma chaude sympathie pour votre cause. » Il avait ensuite présenté et soutenu les lois de Mai qui abolissaient les articles 15 et 18 de la Constitution de 1850 et mettaient l'Église catholique sous une surveillance rigoureuse de l'État en restreignant ses droits et privilèges. Il avait dit au Reichstag, en rappelant des précédents classiques, que c'était la renaissance de l'antique conflit entre la royauté et la prêtrise.

Emporté par la passion, il avait accusé la Papauté et les catholiques de vouloir assujettir le pouvoir séculier au pouvoir religieux, organiser l'Église militante contre l'État, favoriser en Silésie et ailleurs le parti polonais, s'entendre même avec les ennemis de l'Allemagne. Aussi, armé des lois de Mai, il avait espéré réorganiser l'instruction et la préparation des ecclésiastiques, restreindre l'autorité disciplinaire de l'Église catholique, créer une Cour supérieure de Justice pour régler les différends religieux et supprimer la juridiction du Pape sur le clergé allemand, permettre aux prêtres et aux religieux de sortir plus facilement de l'Église, les expulser au besoin, agir contre les évêques et tous ceux qui voudraient blâmer les lois de l'État, placer les séminaires sous sa surveillance, ne donner des postes ecclésiastiques qu'à des Allemands ayant reçu l'instruction officielle, réformer à son gré l'enseignement scolaire. Il avait, en conséquence, exercé les mesures les plus draconiennes, fermé les couvents, poursuivi les journaux ultramontains, supprimé de nombreux traitements ecclésiastiques, jeté en prison ou exilé des évêques, des curés et de simples prêtres. Les résultats n'avaient point répondu à ses désirs. La population catholique avait bravé les menaces et les rigueurs d'agents trop zélés. Les fidèles et les prêtres étaient restés unis. Ni amendes ni révocations, ni confiscations ni prisons, ni exil n'étaient venus à bout de leur fermeté. Le combat pour la culture ne donna que de mauvais fruits. Vainement le chancelier rejette-t-il l'insuccès de sa politique antireligieuse sur la brutalité de ses gendarmes, sur l'hostilité secrète de l'impératrice et de son entourage, sur la défection du parti progressiste et l'opposition hypocrite des Polonais, des Guelfes et des Alsaciens-Lorrains. Il est forcé un jour de reconnaître qu'il a fait une grande faute. Il comprend que si les divisions et les désordres se prolongent ou s'aggravent, ce sera au détriment de cette unité qui est toute son œuvre. Il le comprend et il n'a pas honte, comme il le dit lui-même, « de faire un petit Canossa ».

Un grand Pape apparaît sur le siège de Pierre. C'est avec lui qu'il fera la paix. Léon XIII lui facilite les premiers pas du rapprochement. A peine est-il élu que, le 20 février 1878, le Pape s'adresse à l'empereur pour le supplier de rendre à une grande partie de ses sujets la paix et la tranquillité de conscience, perdue depuis cinq ans. Guillaume Ier, que les tristes résultats du Kulturkampf ont enfin éclairé, répond à

Léon XIII qu'il espère, lui aussi, que ces biens précieux seront sauvegardés dans l'avenir. Des négociations commencent. Les violences cessent, les évêques exilés rentrent; l'Église catholique va retrouver les garanties de la Constitution de 1850 et la légation de Prusse sera rétablie près du Vatican. C'est ici qu'il convient d'admirer la souplesse d'esprit du chancelier. Il a vu qu'en persécutant les catholiques et en cherchant à amoindrir l'éducation religieuse donnée par eux, il répandait une agitation dangereuse en Allemagne et contribuait à développer les éléments socialistes et révolutionnaires. Dès lors, son choix est fait. Il l'a avoué dans une autre circonstance : « Du moment que l'intérêt du pays exige que je me mette en contradiction avec moi-même, je n'hésite pas à reconnaître mon erreur et à revenir sur mes pas. » Heureux les hommes d'État qui ne mettent pas leur gloire à défendre aveuglément une politique néfaste et qui, en toute chose, ne se préoccupent que des véritables intérêts du pays !

Mais avec quelle habileté le chancelier sait trouver le joint désirable ! Pour prouver qu'il n'est point rebelle à un *modus vivendi*, il saisit l'occasion d'un conflit entre l'Allemagne et l'Espagne au sujet des îles Carolines et il propose au cabinet espagnol de prendre le Pape pour arbitre. Naturellement Madrid accepte avec joie. Par une initiative hardie, Bismarck a surpris tout le monde. Le roi Humbert avait offert sa médiation. Le chancelier ne paraît pas se douter de cette offre et il reconnaît la souveraineté effective du Pape, lui qui, en 1875, avait demandé au roi d'Italie d'empêcher le Pape de censurer les actes des gouvernements étrangers. Léon XIII n'a garde de refuser la médiation proposée, mais il limite son intervention personnelle à la question de souveraineté sur les Carolines. Il reconnaît celle de l'Espagne, puis il envoie à Bismarck l'ordre du Christ avec une lettre flatteuse où il le remercie de lui avoir fourni l'occasion d'exercer son haut ministère dans l'intérêt de la concorde. Il ajoute : « Permettez-moi de devancer en esprit les événements et de regarder ce qui a été fait comme un gage de ce qu'amènera l'avenir. » Bismarck répondit par l'expression de sa profonde gratitude pour la coopération de Léon XIII à une œuvre de paix et attesta sa ferme confiance dans l'élévation des vues de l'auguste médiateur. Ce qui frappa toutes les chancelleries, c'est que le prince appela officiellement Léon XIII « Majesté » et lui donna le titre de « Sire ». Rome fut très touchée de cette démonstration si importante. Les voies à un accommodement étaient désormais aplanies. Le 21 mai 1884, une loi abrogeait les dispositions les plus dures des *Maigesetze* et rétablissait les relations normales entre le cabinet de Berlin et le Saint-Siège. Le centre se montrait plus favorable au gouvernement impérial et Bismarck, habituellement si dédaigneux des décorations, affectait de porter l'ordre du Christ dans les cérémonies et les fêtes officielles. Grâce à la sagesse et à la patience du Souverain Pontife, grâce à l'intelligence du chancelier qui avait fini par s'élever au-dessus de tout parti pris et de ses rancunes, le Kulturkampf avait vécu. Malgré quelques boutades échappées au chancelier devant certains libéraux, rien ne pouvait en ce moment prévaloir contre ce fait considérable, c'est qu'après de terribles années de combats, la paix était rétablie entre l'Empire et la Papauté. En outre, Bismarck avait appris que pour vivre, pour se développer, pour maintenir et fortifier l'unité acquise au prix des plus grands sacrifices, il fallait une majorité solide et durable, et non une majorité artificielle qui n'amenait que des fluctuations funestes à l'État et aux principes conservateurs Le chancelier l'obtint en rompant délibérément avec les nationaux-libéraux qui, depuis 1871, l'avaient poussé à des luttes fatigantes et stériles.

Ce serait une étude bien curieuse, mais qui ferait sortir ce travail des bornes restreintes où il a dû se maintenir, que de chercher à voir par le menu à l'aide de quelles combinaisons habiles et variées Bismarck s'assura une majorité parlementaire, tantôt avec les libéraux, tantôt avec les conservateurs. Maintenant qu'il avait rompu avec les premiers, il lui fallait gagner les ultras et le centre catholique. Il y parvint et ce ne fut pas un de ses moindres mérites.

Lorsque ses projets semblaient devoir échouer, il avait recours à la dissolution et les élections nouvelles prouvaient qu'il n'avait pas tort de se servir de cette arme.

La nouvelle Constitution de 1871 avait laissé à Bismarck l'autorité qu'il jugeait indispensable. Elle spécifiait nettement les droits et prérogatives de l'Empereur, mettait l'armée à l'abri des caprices du Parlement, remplaçait les ministères d'Empire par des secrétariats d'État dépendant du chancelier, reconnaissait au Reichstag des pouvoirs financiers qui ne portaient pas atteinte à ceux du gouvernement, et corrigeait la base démocratique du suffrage universel en restreignant indirectement la faculté d'éligibilité. Si la puissance de Bismarck avait un peu souffert en ces derniers temps, c'était à cause du Kulturkampf, mais elle allait se redresser. Le diplomate avait été supérieur à l'homme d'État. Celui-ci tenait à prendre sa revanche. Les questions intérieures le préoccupaient justement. Il voulait les aborder de front et les résoudre. Une des plus importantes était la question financière. L'indemnité des cinq milliards avait fait surgir de folles spéculations qui amenèrent en Allemagne un krach considérable. Pour y pallier, le chancelier conçut un programme financier et économique de nature à diminuer les contributions directes, à augmenter les contributions indirectes, à imposer des produits de première consommation, comme le tabac et la bière. L'opposition de la Cour et du parti libéral à ces projets fut telle que Bismarck offrit sa démission, certain au fond que son maître ne l'accepterait pas. En effet, l'empereur la refusa et consentit seulement à un congé indéterminé. Pendant ce congé, Bismarck négocia avec les libéraux ; mais impatienté de leurs exigences, il se retourna du côté des conservateurs et des catholiques en leur promettant une politique économique en rapport avec leurs intérêts, ainsi que la cessation définitive du Kulturkampf. Il renonçait sans regrets au libre échange qui ruinait la prospérité allemande et il revenait à la protection. Il voyait que c'était l'intérêt de son pays et il allait où cet intérêt l'exigeait.

Maintenir et consolider, voilà ce qui occupait sa pensée à tous les instants. Au point de vue des conquêtes, il lui semblait avoir donné à l'Allemagne tout ce qu'elle avait pu désirer. En vouloir plus, c'était exciter la jalousie des puissances rivales et se créer des embarras. Quelle était actuellement la vraie, la seule politique extérieure ? Renforcer l'union du Nord et du Sud, empêcher une reconstitution trop rapide de la France, conserver la neutralité de la Russie, se rapprocher de l'Autriche et, par des prodiges d'adresse, faire de cette vaincue une alliée et une amie. Des entrevues à Gastein et à Saint-Pétersbourg avaient facilité cette entente cordiale. Mais la France, l'objet constant des préoccupations du chancelier, se relevait sous la direction de M. Thiers appuyé par l'Assemblée Nationale, payait facilement son indemnité de guerre, libérait son territoire, réformait son armée, son administration et ses finances à la surprise de la Prusse jalouse, à la stupéfaction de l'Europe honteuse de l'avoir laissé écraser sans la moindre protestation. Bismarck s'en inquiétait. En mettant le comte Harry d'Arnim à l'ambassade de Paris, il avait cru faire de cet homme un serviteur absolu de ses desseins, capable d'empêcher le relèvement prématuré de la France. Mais le comte d'Arnim n'était pas une nature servile. Il avait conscience de sa valeur et de son indépendance, et il le prouva en blâmant publiquement la politique antireligieuse du chancelier. Celui-ci le sut et lui en voulut. Son courroux redoubla quand on lui fit croire que l'ambassadeur convoitait son poste. Il s'imagina avoir affaire à quelque conspiration ourdie contre sa personne et résolut de se venger. Pour perdre d'Arnim, il commença par employer tous les moyens et toutes les perfidies, afin de l'amoindrir ; il voulut le ridiculiser, railler ses prétentions littéraires et mondaines, le traiter dans ses propres salons d'ambitieux sans scrupules et sans vergogne, de courtisan éhonté. Il essaya de le compromettre, de dénaturer ses idées, de lui soustraire ses lettres ou d'en violer simplement le secret. Il s'efforça d'établir que d'Arnim n'avait tenu aucun compte de ses instructions. Il est évident que le comte n'avait pas pris tout à fait au sérieux la menace ainsi formulée par le chancelier : « Le ministre qui contribuerait à placer une monarchie au sommet et à renforcer la France par des alliances extérieures, serait passible de la rigueur des lois. »

Lors de la chute de Thiers et de son remplacement par le maréchal de Mac-Mahon, les reptiles de la presse allemande reprochèrent au comte d'Arnim d'avoir été trop empressé à saluer le nouveau gouvernement. « Votre Excellence, ajouta Bismarck, a formellement dit que pour nous le meilleur gouvernement en France serait celui qui devrait employer la majeure partie de ses forces à combattre ses ennemis intérieurs. » Or, Bismarck l'accusait d'avoir tenu une conduite opposée et d'avoir contribué à renverser M. Thiers. Il lui reprochait aussi ses rapports contraires à la politique de Sa Majesté, rapports où il contrariait l'action légitime de la Chancellerie et manquait délibérément à la discipline.

Cependant, le comte d'Arnim tenait le chancelier au courant des moindres incidents et, tout en approuvant la nomination de Mac-Mahon, semblait regretter que le gouvernement du maréchal fût « dominé par des tendances cléricales ». Le changement de Président avait irrité Bismarck au delà de toute idée. Aussi, lorsque d'Arnim vint le voir à Berlin, il en reçut le plus désagréable accueil. Le chancelier accusa l'ambassadeur de conspirer contre lui avec l'impératrice et de chercher à lui prendre sa place. Il ajouta même : « Dans chaque supérieur, vous voyez un ennemi. Cet ennemi, en ce moment, c'est moi ! » Il le traita avec une telle violence que le comte d'Arnim ne put lui cacher son émotion. Elle n'inspira au chancelier que cette réflexion ironique : « Son talent de pleurer à volonté lui permit d'écraser une larme ! »

L'ambassadeur rentre à Paris et s'efforce de retrouver les bonnes grâces de Bismarck. Il paraît cette fois suivre ses instructions, car il lui écrit quelque temps après que « si la France, par une Restauration, devait donner le signal d'une activité politique nouvelle, la question deviendrait internationale. » En réalité, d'Arnim tenait à sa situation et, pour la garder, il consentait maintenant à suivre une politique qui tendait à ne laisser à la France ni liberté ni stabilité. Ses différends avec le chancelier reposaient plutôt sur des questions personnelles que sur la direction des affaires diplomatiques. Mais Bismarck, redoutant son action contre lui-même, l'accusait de se servir des fonds secrets pour l'attaquer dans la *Gazette de Spener*. Aussi cherchait-il l'occasion de foudroyer cet audacieux.

Le langage hardi de quelques évêques français contre l'arrogance despotique de la Prusse lui sert tout à coup de prétexte. Sous son impulsion, les journaux allemands commencent une vraie campagne contre d'Arnim. La lutte arrive bientôt à un point où elle ne peut se prolonger. D'Arnim est mis en disponibilité le 24 février 1874. Le chancelier fait constater à l'ambassade de Paris l'absence de certains documents officiels et réclame l'arrestation de son rival. Les journalistes prussiens s'acharnent contre le malheureux qui n'a eu qu'un tort : vouloir tenir tête à Bismarck. Les tribunaux condamnent d'Arnim à être enfermé dans une maison de correction. Le comte échappe à cet arrêt en préférant l'exil où il mourra tristement. Plus tard, Bismarck lui-même trouvera la condamnation trop sévère et dira qu'un magistrat régulier n'était pas en situation « de juger en connaissance de cause les péchés commis par les diplomates dans les négociations internationales. » Alors, pourquoi avoir déféré d'Arnim à la justice? Pourquoi ces regrets tardifs? En réalité, Bismarck avait cédé à ses ressentiments impétueux. Il ne voulait pas de rival, il ne voulait pas d'héritier indiqué, il n'admettait pas que personne osât discuter avec lui et critiquer ses ordres. Il fallait plier ou disparaître. Le chancelier a cru être beau joueur en publiant les pièces les plus secrètes pour devancer ainsi celui qui aurait pu livrer à la presse de graves documents confidentiels. Il l'a fait brutalement, sans crainte d'outrager une nation qui avait tenu avec la plus grande loyauté tous ses engagements.

Dans une de ses dépêches intimes à son ambassadeur, le chancelier allemand avait écrit : « Nous sommes toujours prêts à faire la guerre, dès que de nouveaux actes présomptueux de la France nous y contraindront. *Oderint dum metuant!* »

Or, ce qu'il appelait présomption, c'était le relèvement admirable de ce pays qui, dédaigneux de toutes menaces, donnait à l'Europe, en retrouvant une propérité nouvelle, l'exemple du travail, de l'ordre et de l'économie. Bismarck résolut d'écraser « l'insolente nation » avant qu'elle n'eût repris toutes ses forces. « La France se relève trop vite, osa-t-il dire au prince Orloff. Nous lui prendrons Nancy. » La chute de M. Thiers, la nouvelle présidence du maréchal de Mac-Mahon, le calme du pays malgré cette crise, le culte de l'Alsace-Lorraine maintenu avec ardeur dans l'âme de tous les Français, la reconstitution de l'armée, un sentiment général d'union et de patriotisme l'exaspéraient. Sur son ordre, le journal la *Post* avait écrit un article menaçant qui avait ému les diverses cours européennes. Le 5 mai 1875, l'ambassadeur allemand, le prince de Hohenlohe, s'était présenté au quai d'Orsay avec une sorte d'ultimatum au sujet des armements exagérés de la France, et ce n'est pas là, comme on l'a dit, « une invention médiocre destinée à venger notre amour-propre ». C'est la vérité. Trois mois auparavant, le général Le Flô, ambassadeur de France à Saint-Pétersbourg, avait appris par le maréchal de Mac-Mahon lui-même que l'Allemagne ne cherchait qu'une occasion pour recommencer la guerre. A son retour en Russie, Le Flô en conversa avec le tsar qui crut pouvoir lui dire que les agissements de Bismarck n'étaient que des ruses pour assurer son pouvoir en faisant croire à des dangers imaginaires, mais que l'empereur d'Allemagne lui paraissait peu décidé à provoquer une guerre nouvelle. Cette conversation avait été connue et avait un peu détendu les rapports entre l'Allemagne et la France. Mais, quelque temps après, la grave démarche de Hohenlohe rappela à tous que le danger existait toujours. Le duc Decazes dit alors au prince Orloff, qui était venu le voir : « Si on nous attaque à l'improviste, nous concentrerons notre armée derrière la Loire et nous attendrons de voir si l'Europe laissera, en se croisant les bras, occuper, envahir et dévaster sans motifs une nation sans défense. »

A Londres, lord Derby reconnut lui-même que les desseins secrets de Bismarck étaient un sujet de grande perplexité pour tout le monde et que l'Europe se trouvait ramenée au temps où son sort était entre les mains du premier Napoléon. Le ministre anglais déclara à notre représentant, M. Gavard, que l'Angleterre, dans le cas d'une agression injustifiée contre la France, ne manquerait pas à ses devoirs. Le 8 mai, un article important du *Times* déchira tous les voiles et montra ce que voulait le chancelier allemand. Cet article produisit le plus grand effet dans toutes les Cours et ne contribua pas peu à déconcerter les plans de Bismarck et de Moltke. Lord Derby, d'une part, et Gortchakov de l'autre, la reine Victoria et le tsar Alexandre contribuèrent efficacement à maintenir la paix.

Il importe de constater que le danger avait été très menaçant, puisque lord Derby crut devoir, le 29 mai 1875, faire connaître l'action commune de l'Angleterre et de la Russie pour prévenir l'agression projetée. Il importe encore de relever, outre l'intervention directe du tsar et de son chancelier Gortchakov, une lettre personnelle de la reine Victoria à Guillaume, où la reine suppliait l'empereur de maintenir la paix. Cette intervention royale directe, et que nous ne devons pas oublier, produisit sur l'esprit de Guillaume Ier autant d'impression que l'action si nette du tsar. On peut s'en rendre compte en constatant, dans les *Pensées et Souvenirs*, le dépit qu'elle causa au chancelier allemand.

Ce qui devait sortir de cette affaire si maladroitement engagée par Bismarck, c'était pour la France l'alliance russe, que Napoléon avait ébauchée à Tilsit et dont la seconde Restauration avait voulu, en ses derniers jours, reprendre l'idée. Cette alliance heureuse allait être le résultat nécessaire du refroidissement survenu entre Saint-Pétersbourg et Berlin après l'alerte de 1875.

Bismarck fut plus irrité contre Gortchakov que contre lord Derby, la reine Victoria et le tsar lui-même. Il ne pardonna jamais à son collègue ce changement d'attitude. Il aurait voulu que la Russie, comme l'Autriche, gardant la neutralité de 1870, s'effaçât et laissât faire. Il croyait que l'Allemagne, par suite des anciennes relations, avait droit à une politique bienveillante. Aussi cribla-t-il Gortchakov de mille méchanchetés. De tous les portraits posthumes qu'il a laissés, celui du chancelier russe est le plus cruellement traité. Bismarck lui reproche d'avoir, avec Gontaut-Biron, machiné ce coup de théâtre sensationnel. Il se moque, avec trop d'insistance, de sa sottise, de sa vanité, de ses prétentions, de ses ridicules.

Il paraît qu'une des raisons de la haine de Bismarck contre Gortchakov aurait pour origine une erreur télégraphique. Le chancelier russe avait, au nom du tsar, envoyé en français et en clair, ces quelques mots à sa sœur, la reine de Wurtemberg : « J'emporte de Berlin des assurances formelles de paix » et le télégraphiste, peu au courant de la langue française, avait lu et transmis ces mots qui furent connus du chancelier allemand : « L'emporté de Berlin donne des assurances formelles de paix. » Or, comme toute l'Europe connaissait alors l'état maladif de Bismarck et son irritabilité excessive, le chancelier s'était naturellement reconnu dans ces mots : « L'emporté de Berlin » et ne les avait point pardonnés à Gortchakov.

Lord Derby avait fait comprendre à Charles Gavard que l'intérêt de l'Europe était aussi bien en jeu que l'intérêt de la France, car chaque État comprenait le danger dont il pouvait être menacé à l'improviste. Aussi, une coalition pareille à celle qui avait fait tomber Napoléon, malgré son génie, était capable de se former contre l'Allemagne, si elle persistait dans une politique dangereuse pour la paix européenne. Le Kulturkampf avait été blâmé par l'Autriche, la Russie et l'Angleterre. En Belgique, on avait, malgré les avertissements comminatoires de Bismarck, refusé de porter atteinte à la liberté de la presse. En Italie, Victor-Emmanuel n'avait pas voulu, malgré ses demandes réitérées, s'opposer à la publication de documents pontificaux. En Espagne, l'appui que le chancelier avait donné à la dictature éphémère du général Serrano, n'avait pas empêché l'avènement d'Alphonse XII. Depuis un certain temps, il jouait de malheur et « ses querelles d'Allemand » n'avaient plus les succès d'autrefois. Impatient, colère, arrogant, il parlait de sa retraite avec un air de mauvaise humeur qui montrait que là encore il ne faisait qu'une manœuvre. Furieux d'avoir été déjoué, il s'efforçait de prouver qu'il ne l'avait pas été. Il fit soutenir par ses agents que jamais il n'avait eu l'intention sérieuse d'attaquer la France. Le duc de Broglie a posé un dilemme dont il est difficile à ceux qui défendent le chancelier en cette affaire de sortir avec honneur : « Ou la démarche commandée à M. de Hohenlohe par M. de Bismarck était une solennelle niaiserie, ou elle annonçait une sommation qui eût amené la guerre, parce qu'elle aurait été refusée. » Et l'illustre écrivain ajoute : « De ce contraste entre la solennité de l'acte et l'inanité de son résultat, les apologistes officieux de M. de Bismarck ne pourront jamais donner une explication satisfaisante. Ils ne peuvent disculper ses intentions qu'en accusant les lacunes de son intelligence et c'est un point sur lequel ils ne pourront convaincre personne. » Cette observation si fine est la vérité même et forme la conclusion logique de ce que l'on a appelé « l'alerte de 1875 ».

Les rapports, devenus difficiles après cette alerte entre la Russie et l'Allemagne, devaient s'aggraver avec la question d'Orient. L'insurrection de la Bosnie et de l'Herzégovine avait soulevé les populations chrétiennes contre la tyrannie de la Porte et cette insurrection, gagnant le Bas-Danube et les Balkans, faisait appel à l'intervention russe. Des difficultés très graves pouvaient surgir à tout moment entre l'Angleterre, l'Autriche, la Russie que touchaient de près les intérêts de l'Orient. Le plénipotentiaire allemand, le général de Werder, fut chargé, à l'instigation de Gortchakov, de demander à Bismarck si, en cas de guerre entre la Russie et l'Autriche, l'Allemagne resterait neutre. Le chancelier fut froissé de cette demande indirecte et pria l'Empereur d'interdire à Werder de se charger d'une mission russe. Puis, après avoir usé de moyens dilatoires, il fit venir à Varzin l'ambassadeur allemand de Schweinitz, et le chargea de répondre au tsar que si la guerre annoncée avait lieu, l'Allemagne empêcherait que l'une ou l'autre des deux puissances belligérantes perdît sa position de grande puissance indépendante. Cette réponse détourna l'orage russe de la Galicie orientale pour le diriger vers les Balkans. Après de pénibles négociations, la convention de Reichstadt entre la Russie et l'Autriche assura en principe la Bosnie et l'Herzégovine aux Autrichiens et la neutralité de l'Autriche aux Russes pendant leur prochaine guerre contre les Turcs. Cette convention fut cachée pendant quelque temps à Bismarck. Quand il la connut, il en fut très irrité et sentit s'accroître ses désirs de vengeance pour l'avenir.

Le soulèvement de la Serbie, soutenue en secret par la Russie, amena les hostilités prévues entre cette puissance et la Turquie. Celle-ci fut écrasée, après une lutte glorieuse, à Plevna. L'Angleterre et l'Autriche arrêtèrent la Russie victorieuse et Bismarck, sûr de faire payer à Gortchakov son intervention de 1875, offrit ou plutôt imposa sa médiation. Un congrès, où s'étaient réunis les principaux diplomates, se tint à Berlin du 13 juin au 13 juillet 1878 et le chancelier, qui avait dit à propos des préliminaires de San Stefano où la Russie s'était fait une part superbe : « La Russie a avalé plus qu'elle ne pouvait digérer. Il faut que le congrès la soulage... » allait montrer une fois de plus en cette occasion ce que pouvaient son adresse et son ressentiment. Avant le congrès, le comte Schouvalov avait proposé à Bismarck une alliance offensive et défensive, qui devait lui rapporter plus que « le rôle d'un honnête courtier », mais Bismarck souleva des objections et émit des craintes plus ou moins fondées sur l'attitude possible des autres puissances. A quoi Schouvalov répondit : « Vous avez le cauchemar des coalitions ». Et le chancelier de répliquer : « Nécessairement. » Il persista donc à décliner l'option proposée entre l'Autriche et la Russie et à recommander l'alliance entre les trois Empereurs, ou tout au moins le maintien de la paix entre eux.

Sous l'influence de Bismarck, le congrès de Berlin créa, contrairement aux désirs de la Russie, une Roumanie indépendante, divisa la Bulgarie en deux parties, la Bulgarie proprement dite avec un prince élu, et la Roumélie orientale avec un gouverneur délégué du sultan, assura l'indépendance de la Serbie, accrut les territoires de la Grèce et du Monténégro, chargea l'Autriche de l'administration de la Bosnie et de l'Herzégovine et amoindrit singulièrement les avantages accordés aux Russes par le traité de San Stefano. Pendant que l'empereur Guillaume, victime de l'attentat de Nobiling, était dans l'impossibilité de surveiller les débats et les décisions du congrès, Bismarck, maître absolu de la situation, substituait au contrôle de la Russie celui de l'Europe et la dépossédait de son rôle de puissance protectrice en Orient. De son côté, l'Angleterre arrachait secrètement à la Porte la cession de Chypre. Bismarck était arrivé, en paraissant avantager l'Autriche, à amener cette puissance à oublier Sadowa et à la rallier à sa politique par intérêt ou par gratitude. Il lui donnait le rôle d'une sentinelle avancée et en faisait habilement l'adversaire de la Russie. Il se moquait de Gortchakov qui aurait dit, après le traité de Reichstadt : « Je ne peux pas filer comme une lampe qui s'éteint. Il faut que je me couche comme un astre ! » Il accentua ses railleries quelques années après au Reichstag : « Je me suis comporté de telle façon au congrès que lorsqu'il fut terminé, je me disais : Je possède depuis longtemps l'ordre russe le plus élevé en brillants, autrement je devrais le recevoir aujourd'hui. » On ne pouvait se moquer plus franchement de la Russie et de son chancelier. Mais quoi qu'il ait dit plus tard : « La vérité n'a point de prix pour les Slaves. Ils se repaissent d'apparences. Ils croient tout ce qu'il leur plaît de croire... », les Slaves lui firent voir qu'ils n'étaient pas aussi crédules qu'il le pensait.

Bismarck avait vengé sa déconvenue de 1875, mais il avait compromis l'alliance des trois empereurs et il allait amener la Russie à faire de sérieuses avances à la France. La tsarine Marie avait fait ce reproche à un diplomate allemand : « Votre amitié est trop platonique ». Bismarck, auquel on répéta le mot, répondit qu'une grande puissance ne devait « jamais perdre de vue ses relations présentes et futures avec les autres nations » et qu'il était de son devoir « d'éviter des inimitiés durables et voulues par principe. » Il refusa, lors de l'exécution des clauses du congrès de Berlin, de se plier aux désirs de la Russie en opposition avec les prétentions anglo-autrichiennes. La presse russe l'attaqua avec fureur et le tsar irrité écrivit à son oncle, l'empereur Guillaume, une lettre violente qu'on peut résumer ainsi : « Si l'Allemagne persiste dans son refus d'adopter les vues de la Russie, la paix ne pourra subsister entre nous. » A la suite de cette lettre, Guillaume Ier se décida, sur le conseil de Manteuffel, à avoir une entrevue sur la frontière polonaise à Alexandrowo, avec son neveu qui se plaignit amèrement à lui que le chancelier eût oublié les promesses de 1870. Cette démarche déplut fort au prince de Bismarck qui s'étonnait qu'on cherchât à accentuer l'amitié de l'Allemagne avec la Russie au détriment de l'Autriche. Il avait à lutter, à ce moment même, contre de nouvelles intrigues de Cour qui tendaient à lui enlever le pouvoir. La majorité du Conseil lui était opposée et le prince royal ne dissimulait pas ses sentiments peu sympathiques à son égard. Bismarck réitéra alors une démission qu'il ne présentait d'ailleurs que du bout des lèvres. Cependant il se retira à Varzin, jusqu'à ce qu'un traité d'alliance défensive avec l'Autriche fût signé par l'Empereur.

Pendant qu'il témoignait ainsi sa mauvaise humeur, Gortchakov, las d'être raillé et dupé par lui, exhortait la France à augmenter ses forces et ses ressources et préparait l'alliance qui devait déjouer les plans de Bismarck si habilement préparés contre nous.

X

LE SOCIALISME — LA TRIPLE ALLIANCE GUILLAUME I ET FRÉDÉRIC III

Les difficultés intérieures s'accentuaient en Allemagne et préoccupaient singulièrement le chancelier dont la tâche devenait chaque jour plus lourde. Si Bismarck était revenu aux conservateurs et aux catholiques, ce n'était pas seulement à cause de l'échec du Kulturkampf, c'était parce qu'il fallait lutter contre les progrès incessants du socialisme. Les 113 000 votants de ce parti s'étaient presque quadruplés. Ils étaient 437 158 aux élections de 1878 et il fallait mettre arrêt à cette dangereuse progression. Les menaces et les violences des socialistes et des révolutionnaires paraissaient justifier les mesures projetées par le chancelier contre la presse et le droit de réunion. Après les attentats de Hœdel et de Nŏbiling, après la victoire remportée contre les intrigants de Cour et ceux qui voulaient l'amener à donner sa démission, après sa retraite à Varzin qui lui permit de rétablir une santé altérée par les soucis et par les fatigues, — car le labeur de cet homme d'État qui mettait la main à toutes les affaires d'un grand Empire, était véritablement effrayant, — le chancelier trouva enfin une majorité docile à ses desseins. Une loi sévère contre l'agitation socialiste fut votée telle qu'il la désirait. Le petit état de siège fut décrété à Berlin et les principaux fauteurs de troubles expulsés ou emprisonnés. Bismarck se montrait bien alors le ministre implacable qui avait dit : « La première vertu d'un gouvernement est l'énergie. Il y a des rigueurs nécessaires et des maladies qu'on ne guérit qu'avec des remèdes violents. La véritable philanthropie consiste à savoir quelquefois verser du sang! ».

Une loi de discipline parlementaire permit au gouvernement d'interdire la publication des discours de députés qui pouvaient provoquer à la guerre civile. Écrivant au roi de Bavière à ce sujet, Bismarck disait : « Le péril socialiste qui grandit chaque jour, la bande menaçante des brigands qui habitent avec nous nos grandes villes et augmente chaque année, tout finira par imposer aux princes allemands une action solidaire de légitime défense ». Il constatait à regret que les premiers ouvriers de la Révolution se recrutaient en Allemagne dans le prolétariat savant. « Au Reichstag, disait-il, ils représentent plus de la moitié des députés... Ce sont ces messieurs qui constituent le ferment révolutionnaire et qui dirigent le groupe progressiste et national-libéral de même que la presse... Briser leur groupe est une tâche essentielle de la politique conservatrice ». Il y mettait tous ses efforts, mais il ne se bornait pas à des mesures de défense et de répression énergiques.

En véritable homme d'État qu'il était, il s'appliquait depuis longtemps déjà à étudier les questions économiques et sociales ; il cherchait à attirer à lui les ouvriers, s'entretenait avec les chefs de groupes et les novateurs, essayant de savoir ce que le gouvernement pourrait bien faire pour donner satisfaction aux masses plus soucieuses de réformes que de politique pure, de lois utiles que d'interpellations. Il s'efforçait de séparer ces masses de leurs chefs ; il tenait à faire comprendre au peuple qu'il était trop souvent l'esclave et le jouet d'agitateurs ambitieux qui lui promettaient illusoirement beaucoup d'argent pour peu de travail. Il s'engageait, au nom du gouvernement, à faire tous ses efforts pour décréter des mesures capables d'amener le bien-être des classes ouvrières. Il voulait présenter des réformes utiles, abolir certains abus, créer de sages et fécondes institutions, comme les assurances contre les accidents du travail et la création de caisses d'assurances contre la maladie. Ses adversaires l'appelleront ironiquement « le père nourricier du socialisme allemand ». Et cependant, il serait injuste de méconnaître ce qu'il fit ou voulut faire en faveur des travailleurs. Il leur reconnaissait le droit de vivre et le droit de travailler. Mais il voulait que le peuple comprit qu'il obtiendrait aussi facilement ces réformes et ces avantages sous le gouvernement impérial que sous un gouvernement démocratique quelconque. Il tenait à défendre avant tout le principe monarchique et à prémunir les masses contre les idées nouvelles. La loi votée contre les socialistes ne put empêcher, malgré ses espérances, l'essor du parti qui s'était un peu arrêté en 1881, car de 437 158 voix socialistes les chiffres étaient retombés à 311 961. Mais aux élections de 1884, les 311 961 étaient devenues 549 990; aux élections de 1887, 763 128; aux élections de 1890, 1 427 200. A la mort du chancelier sur 7 752 693 votants les socialistes avaient obtenu 2 107 075 voix, presque le tiers des votants. Ils l'ont aujourd'hui. Ainsi de 1871 à 1900, les socialistes ont, malgré les lois d'exception, gagné à leur cause plus de deux millions d'électeurs sur dix millions et demi d'électeurs inscrits et sur sept millions et demi de votants. Ils ont actuellement 56 députés au Reichstag. Tels sont les chiffres officiels qui ont, on l'avouera, une singulière éloquence. Si, comme le dit une récente sentence du ministre d'État contre le docteur Avons inculpé de socialisme, « le parti démocrate socialiste vise le renversement de l'ordre actuel de l'État avec l'aide de la classe ouvrière arrivée au pouvoir politique », la progression effrayante de ce parti que n'ont pu arrêter les efforts de Bismarck, est une bien grave menace pour l'avenir de l'Empire allemand.

On ne peut cependant oublier les réformes utiles entreprises par le chancelier et dont les intéressés auraient pu lui savoir quelque gré. Ainsi, il a cherché à améliorer la loi sur le travail des enfants, à soutenir les corporations et les banques de prêts, à créer l'arbitrage en matière de grèves, à fonder des sociétés coopératives de production, à donner des allocations aux ouvriers pour contribuer à ces fondations excellentes. On lui a reproché de ne s'être pas fait le protecteur constant de l'ouvrier contre le patron, d'avoir évité d'imposer des entraves aux fabricants, de n'avoir pas tarifé lui-même les salaires et d'avoir hésité à faire de l'État le représentant actif et direct du socialisme, comme si telle était sa mission naturelle. Ce qu'il essaya de faire, ce fut d'assurer au travailleur des soins, du travail et du pain. Il tenait à adoucir les chômages forcés et à prévenir la misère, à soutenir les derniers jours des invalides et des vieillards, et ces réformes doivent être, en toute équité, portées à son compte. Ses successeurs ont pu mieux faire. Il aura eu l'avantage d'avoir commencé.

L'Administration et ses moindres détails occupait et retenait l'attention de Bismarck. Il avait eu soin d'attirer dans les fonctions publiques non seulement les hommes de toute condition qui offraient quelque valeur et quelque intelligence, mais encore les riches, de façon à les intéresser aux affaires de l'État. Après l'emploi des cinq milliards qui avaient servi en grande partie à combler les dépenses du budget extraordinaire, il s'était aperçu que les ressources générales avaient diminué en 1873 et il avait résolu de réformer les finances qui constituent le moteur principal de toute bonne politique, et d'essayer de faire de l'État le grand producteur et le grand dispensateur de la fortune publique. Pendant sa retraite à Varzin, il avait étudié avec soin la politique protectionniste et en était revenu décidé à établir un système douanier protecteur et à créer des impôts indirects dans l'intérêt du fisc comme dans celui des particuliers. Il voulait frapper le tabac, la bière, l'alcool, le pétrole et centraliser la production dans les mains mêmes de l'État. Avec ces nouvelles ressources, il espérait assurer toutes les dépenses budgétaires et, s'il y avait un excédent, le consacrer à la réalisation de ses réformes sociales. Il n'obtint qu'une partie de ce qu'il demandait et cela au prix de luttes fort pénibles, mais il fit voir par sa constance et son énergie ce que doit être un homme de pouvoir. Il obtint aussi le rachat des chemins de fer, releva, avec des tarifs protecteurs, la puissance de la métallurgie et la prospérité de l'industrie sucrière. Il aborda ensuite la question si importante des colonies afin de donner aux négociants et aux industriels l'expansion que beaucoup d'entre eux réclamaient depuis longtemps. Les diverses sociétés coloniales et d'autres compagnies zélées et intelligentes, appuyées par lui, se répandirent sur les côtes du Zanzibar et des Somalis, dans la nouvelle Guinée et les îles Marshall. Mais le chancelier ne soutenait que des colonies sérieuses : « Je suis, disait-il au Reichstag, contre des colonies qui, prenant pour base une portion de territoire, cherchent ensuite à y attirer des émigrants, y installent des fonctionnaires et y établissent des garnisons. Mon idée est de laisser à l'activité et à l'esprit d'entreprise de nos concitoyens, navigateurs et commerçants, la responsabilité du développement matériel de la colonie aussi bien que celle des créations, et de procéder moins par annexion des provinces d'outre-mer à l'empire allemand que par octroi de lettres patentes dans la forme des *Royal charters* anglais et d'abandonner en même temps aux intéressés le gouvernement de la colonie pour l'essentiel... » Après avoir fortement appuyé ces grandes Compagnies, qui malheureusement ne sont pas encore organisées chez nous, il augmenta les lignes postales maritimes en communication avec les pays d'Outre-mer et leur fit accorder d'importantes subventions. Ce qu'il importe de retenir, au point de vue colonial, c'est qu'il avait des idées grandes et non démesurées, car tout en voulant l'extension de l'Empire allemand il tenait à ménager le budget de l'État.

Le refroidissement entre l'Allemagne et la Russie, qui suivit le congrès de Berlin, amena l'alliance de l'Allemagne et de l'Autriche qui, complétée par l'adhésion de l'Italie, devint la triple Alliance. « Par les menaces de la presse russe, avoue Bismarck, nous étions forcés d'en arriver à une option que j'avais évitée depuis des dizaines d'années entre nos deux amis ». Bismarck en voulait à Gortchakov d'avoir pénétré ses desseins hostiles à la France.

Ce qui tourmentait toujours le chancelier, c'était la possibilité d'une coalition contre l'Allemagne. « Il importait, remarque-t-il, de soustraire au moins l'un des deux puissants adversaires, que nous avions vaincus, à la tentative probable de s'allier à d'autres pour prendre sa revanche. » Le réveil de l'ancienne coalition Kaunitz n'était pas impossible. « Des éléments favorables pouvaient raviver à Vienne la vieille tendance à l'hégémonie en Allemagne. » De plus, la neutralité de l'Angleterre était douteuse. Aussi Bismarck travaillait-il à empêcher ou à amoindrir une coalition anti-allemande en s'assurant l'appui de l'une au moins des grandes puissances. Après la lettre menaçante d'Alexandre en 1879, il n'y avait plus à hésiter. Quelles que fussent les objections, et il y en avait de sérieuses, il fallait s'entendre avec l'Autriche pour prendre des précautions contre la Russie. L'Autriche, qui avait obtenu les avantages que l'on sait au congrès de Berlin et qui redoutait la puissance allemande plus que la puissance russe, ne put décliner les offres qui lui étaient faites. Le chancelier allemand se rendit à Vienne, où il fut accueilli avec un enthousiasme surprenant chez un peuple qui n'avait pas dû cependant oublier Sadowa. Il signa l'alliance nouvelle en allant prévenir lui-même l'ambassadeur français que sa présence à Vienne et ce qu'il y était venu faire n'avaient rien d'hostile à la France. On eut l'obligeance extrême de croire à la sincérité de ses déclarations.

Il ne faut pas s'imaginer que l'empereur Guillaume avait accepté facilement l'alliance officielle avec l'Autriche. Il y résista longtemps, de crainte d'augmenter le ressentiment de la Russie. Il finit par céder devant la menace formelle d'une démission du chancelier, mais il crut devoir informer le tsar, ce que Bismarck considéra comme une précaution inutile. L'alliance austro-allemande satisfaisait-elle pleinement Bismarck lui-même? Non. Sans doute, il n'y avait eu rien de mieux à faire, mais ses craintes pour l'avenir subsistaient toujours. Il se les exposait de cette façon : « Si jamais en Autriche les sentiments anti-allemands se manifestaient avec force, si des promesses étaient faites à cette puissance sur le terrain de la politique orientale, si l'Italie menaçait les possessions autrichiennes dans l'Adriatique, alors l'Allemagne ne pourrait plus compter sur son alliée, et la lutte contre la France et la Russie deviendrait certainement inégale. » A ceux qui seraient tentés de voir dans cette hypothèse les rêves d'un cerveau déjà fatigué, le chancelier répond lui-même : « Cette manière de voir les choses est cependant dans le domaine des choses possibles et le passé semble la justifier. » Ceci prouve que le grand homme d'État examinait en tout et partout les moindres difficultés et cherchait à les résoudre ou à les atténuer.

Au fond, il savait bien, mais il n'avait pas à le dire, que l'Autriche n'était unie à la Prusse que par nécessité, et que cette union n'était point une œuvre d'entraînement sympathique. Malgré ses précautions, il ne pouvait être tout à fait certain de l'avenir et c'est ce qui le tourmentait. Il avait dit lui-même ailleurs que les gouvernements n'aiment pas à manquer ouvertement à leur parole, « tant que la force majeure d'intérêts prédominants n'entre pas en jeu ». Ayant dit cela et songeant naturellement à l'Allemagne, comment pouvait-il être absolument sûr de l'Autriche ?... Dans ses anxiétés il se laisse aller à cet aveu significatif à propos de la politique des hommes : « L'observation des traités entre les grands États n'est que conditionnelle, dès que la lutte pour la vie la met à l'épreuve. Il n'est pas de grande nation qui consente jamais à sacrifier son existence à la foi des traités, si elle est mise en demeure de choisir. Le proverbe : *ultra posse nemo obligatur* ne peut jamais perdre ses droits par la clause d'un traité. » Il le savait bien, lui qui avait violé le traité de 1852 qui assurait l'intégrité du Danemark; le traité de 1856, en encourageant la Russie à ne pas tenir compte de la neutralisation de la mer Noire; le traité de 1866, en concluant la paix avec l'Autriche sans se soucier de l'Italie; le traité de Prague en imposant aux États du Sud des conventions qui les inféodaient à la Prusse, etc. Il fallait donc une doublure aux contrats écrits pour assurer leur durée, pour parer à l'instabilité des intérêts politiques. Comment, en la circonstance, prévenir ce danger? En gardant la voie libre entre Berlin et Saint-Pétersbourg. Et comment assurer cette voie libre? C'était fort simple. A une assurance il fallait ajouter une réassurance, et c'est ce que Bismarck fit avec une habileté incomparable. Des négociations prudentes, succédant à l'entrevue de Dantzig, amenèrent en septembre 1884 à Skiernewicz, entre le tsar et l'empereur d'Allemagne, la conclusion d'un traité formel, par lequel il était stipulé que si l'une des trois parties (Allemagne-Autriche-Russie) était obligée de faire la guerre à une autre puissance, les deux autres observeraient une neutralité bienveillante à l'égard de leur alliée. Ce fut seulement en 1896 par les *Hambürger Nachrichten* que l'on connut l'existence de ce curieux traité, révélé tout à coup par Bismarck afin de prouver que son successeur le général de Caprivi, qui ne l'avait pas renouvelé, n'avait point eu, comme lui, une juste défiance de l'avenir et n'avait point pris la précaution de maintenir des relations convenables entre la Russie et l'Allemagne. Bismarck avait un autre but qu'il n'atteignit point : jeter des doutes en France sur la valeur de l'alliance avec la Russie, contractée, malgré lui, en août 1891. Il voulait nous démontrer que l'appui de la Russie, capricieuse et versatile suivant ses intérêts, ne nous était pas assurée dans toutes les éventualités. Mais ces ruses n'amoindrirent pas une alliance qui rendait à la France la conscience de ses forces et lui donnait confiance dans l'avenir. L'union franco-russe persistait quand même, et le nouveau groupement des puissances donnait enfin un contrepoids à la pesante hégémonie de l'Allemagne et ne faisait plus dépendre la paix de l'Europe de la volonté d'un seul ministre et d'un seul monarque.

Quelle était exactement la portée du traité austro-allemand auquel allait adhérer l'Italie ?

Signé le 7 octobre 1879, il stipulait : 1° que si l'un des deux empires était attaqué par la Russie, ils se devaient réciproquement le secours de toutes leurs forces militaires ; 2° que si l'un des deux empires était attaqué par une autre puissance, l'autre conserverait une neutralité bienveillante ; 3° que si la puissance attaquante était soutenue par la Russie, les deux puissances contractantes seraient tenues aux mêmes obligations que dans l'article 1er. Le but officiel des deux États était de veiller ensemble à leur propre sécurité.

Bismarck prétendait donc que ce traité était purement pacifique et que, seules, la mauvaise foi et la bêtise cherchaient à en modifier les réelles intentions. Jugeant en ses derniers jours le traité de 1879, le chancelier disait : « La triple Alliance devait à l'origine nous prémunir contre des dangers imminents. Elle a été prolongée à plusieurs reprises et peut-être réussira-t-on à la prolonger encore davantage. Mais une durée éternelle n'est assurée à aucune convention conclue entre grandes puissances. Elle ne nous dispense pas d'être toujours en vedette. Elle ressemble à toutes les alliances précédentes et ne saurait former une base inébranlable et éternelle. » L'Italie et l'Autriche étaient donc averties. L'Italie était venue se joindre à l'alliance austro-allemande par pure mégalomanie, c'est-à-dire pour être considérée comme une grande puissance et paraître se passer de l'appui de la France à laquelle elle devait cependant son unité, justifiant ainsi ce mot sévère de Bismarck : « Les peuples affranchis n'ont pas de reconnaissance ; ils n'ont que des prétentions. » L'Allemagne et l'Autriche l'avaient accueillie sans empressement. Lors de l'alliance de 1879, Bismarck avait dit lui-même : « Si l'Italie était une puissance militaire redoutable, nous aurions eu peut-être à nous en préoccuper. Mais j'aurais craint de blesser l'Autriche en lui offrant une protection contre son voisin subalpin. » En réalité, la triple Alliance s'était formée surtout à l'avantage de l'Allemagne qui avait eu l'art, grâce à son chancelier, d'assurer ses conquêtes avec le renfort de deux puissances auxquelles elle n'offrait d'autre avantage que son amitié momentanée. On s'aperçoit maintenant à Vienne, en dépit des manœuvres de la minorité germanique, que ce traité sert avant tout les intérêts de l'Allemagne et que l'Autriche se traîne à sa remorque en spectatrice indifférente et fatiguée des progrès allemands. On s'aperçoit aussi à Rome que les seuls résultats de la triple Alliance sont un accroissement sans profit des charges militaires et financières. L'union solide et persistante de la France et de la Russie a donc fait éprouver un échec considérable aux habiles combinaisons du chancelier. C'en est fait de l'isolement de la France « et des maximes brutales sous lesquelles, comme le disait récemment M. Paul Deschanel, le monde avait été courbé depuis trente ans... L'axe de la politique européenne est déplacé et l'équilibre enfin rétabli. »

Malgré les difficultés qu'il fallait surmonter en politique extérieure, il était encore plus facile à Bismarck de gouverner l'Europe que l'Allemagne. On lui prête ce joli mot : « On prétend que j'aime la politique comme une maîtresse. Elle me cause cependant assez d'ennuis pour que j'aie le droit de la considérer comme une femme légitime. » L'Allemagne, en effet, se cabrait souvent contre ses desseins. Il avait fait reconnaître par le monde son omnipotence et il était dans l'incapacité de faire voter le monopole du tabac. Il n'arrivait point à convaincre ses compatriotes de la nécessité et de l'importance de créations nouvelles telles que l'impôt sur la bière. Les Allemands les trouvaient grosses de périls. Ils avaient peur du socialisme d'État dirigé par un maître absolu qui voulait se mêler de leurs affaires et des détails de leur existence. Le pain, la viande, la bière, le tabac étaient en Allemagne, plus qu'ailleurs, des choses sacrées, et vouloir y toucher semblait un crime. Richter, Lasker, Windthorst et autres députés infatigables ne laissaient pas un instant de repos à Bismarck, dont ils dénonçaient le dangereux esprit d'innovation. D'énormes dépenses pour faire de l'éclat les effrayaient. Ils se disaient qu'un empire très riche aurait plus de facilité à les tenir en bride et ils ne voulaient pas constituer au chancelier une majorité servile. Ils se rappelaient comment il avait traité ses amis de la veille et ils se demandaient quel sort leur serait réservé le lendemain. Aussi Bismarck ne pouvait s'étonner que des coalitions vinssent se former contre les projets auxquels il tenait le plus ? Il avait eu, après ses triomphes extérieurs, l'intention réelle de se retirer. Il eût bien fait. Mais l'amour du pouvoir le retint obstinément aux affaires. « Je mourrai sur la brèche », avait-il dit en 1882. Puis, il répétait les célèbres paroles de Mac Mahon dans la fournaise de Sébastopol : « J'y suis, j'y reste ! » On l'attaqua plus vivement. Il riposta plus vivement encore. On lui reprochait sa persistance à garder le pouvoir et il répondait : « N'ai-je pas mis à couvrir la royauté, depuis 1862, toutes les forces non seulement physiques, mais intellectuelles, dont je puis disposer? » On l'avait jadis menacé du sort de Strafford, du sort de Polignac. On avait parlé de l'envoyer dans une maison de détention carder de la laine comme un vil condamné. On lui avait prédit un procès qui ruinerait toute sa fortune. Rien n'avait pu l'arracher à son poste. Et se tournant vers ses adversaires de gauche: « Qu'est-ce qui m'enchaine encore à cette place, disait-il, sinon le sentiment du fidèle serviteur, le devoir de représenter le roi et de défendre les droits royaux? Il n'y a pas grand plaisir à cela... Est-ce un plaisir de se tenir ici comme le hibou attaché devant la hutte, sur lequel les oiseaux fondent et pointent? Est-ce un plaisir de s'exposer à des injures et à des dérisions toutes personnelles, un plaisir d'avoir à se défendre contre des interruptions inarticulées? Si je n'étais au service du roi, et si le roi gracieusement voulait aujourd'hui me congédier, je prendrais congé de vous, Messieurs, avec plaisir et sans retour! »

Ce n'était pas un spectacle sans quelque grandeur de voir cet homme de soixante-sept ans, blanchi sous le harnois, luttant avec opiniâtreté contre des adversaires implacables et trouvant, malgré ses fatigues, encore assez de forces et d'esprit pour venir à bout de leur opposition. Il donnait pour unique raison de son maintien au pouvoir la consigne qu'il avait reçue. « Ce qui me retient, c'est le sentiment de ce qu'on nomme rudement « *le damné devoir* », « *la maudite obligation du devoir* », tant que je porterai le titre de chancelier. » Mais parfois il envisageait l'avenir avec inquiétude et, se rappelant la période de 1851 à 1859 où la Prusse était dans un état de division et de faiblesse, il s'écriait : « Dans mes nuits d'insomnie, je n'ai pu me défendre de l'idée que peut-être nos fils pourraient de nouveau s'asseoir autour de la table ronde, bien connue par moi, la table de la diète de Francfort. » Et se tournant, avec un geste et un accent solennels, vers les membres du Reichstag qui l'assaillaient d'interruptions : « Nous avons acquis une grande autorité, mais elle est facile à ébranler. Soyez unis, Messieurs, et faites briller devant l'Europe notre idée nationale. A l'heure présente, elle est en voie de s'obscurcir. » Ce qui l'attristait, c'était de voir que son ambition de faire en matière de finances des choses aussi grandes et aussi utiles qu'en matière diplomatique n'était point comprise des députés. Il ne ménageait cependant pas ses forces. C'est à peine s'il s'accordait quelques instants de repos. Son attention était portée sur tous les points, et il voulait justifier à tout prix sa persistance à garder le pouvoir. Réformes du tarif douanier et des tarifs de chemins de fer, création d'entrepôts de transit, impôts divers, projets sur le cabotage, sur la taxe militaire, annexion douanière de Hambourg, législation nouvelle des fabriques, politique coloniale, lignes postales, émigration allemande, interdiction du travail le dimanche, monopole de l'alcool, formaient autant de discussions auxquelles il prenait une part assidue. Il s'était donné corps et âme au projet de loi d'assurance des ouvriers contre les accidents, contre la vieillesse et l'invalidité. Ce sera le dernier projet qu'il défendra en personne et fera voter au Reichstag avant sa disgrâce.

L'armée et ses besoins multiples ont trouvé en lui un avocat infatigable, quoiqu'il eût eu fort à se plaindre de la façon dont les grands chefs l'avaient traité en 1866 et en 1870. Cependant, il oublia ses rancunes et les représailles qu'il avait méditées. En 1871, le budget de l'armée avait été voté pour trois ans, en 1874 et en 1880 pour sept ans. La nation et le Reichstag trouvaient les charges militaires fort lourdes et auraient voulu ne pas s'engager à l'avenir pour une période aussi longue. A cette occasion, en 1887, le chancelier prononça un de ses plus éloquents discours. Agitant le spectre de la revanche, il rappela que la France songeait toujours aux provinces perdues. Il disait avoir tout fait pour amener les Français à oublier le passé, « mais nous ne pouvons, ajoutait-il, céder ni l'Alsace ni ce qui est au-dessus de cette province. » Il se défendait de songer à d'autres annexions. « Déjà en 1871, disait-il, je n'ai pas été partisan d'annexer Metz. J'étais alors pour la frontière de langue. A ce moment, ajoutait-il, j'avais une grande inquiétude de l'immixtion des puissances neutres. Je conférai avec Moltke qui me dit : Metz vaut cent mille hommes. Là-dessus je répondis : Prenons Metz ! » Le Reichstag applaudit. Mais qu'aurait-il pensé si Bismarck lui eût déclaré ce qu'il dit une fois à M. de Chaudordy et une autre fois, en des termes à peu près semblables, à M. de Gabriac : « On détruit une nation si votre force ou si votre intérêt l'ordonne. *On ne la mutile pas impunément*, et l'histoire, ce grand maître des hommes d'État, nous apprend qu'on a toujours à s'en repentir. En mutilant et en humiliant la Prusse, Napoléon Ier a fait naître les Stein et les Scharnhorst. En vous enlevant à vous Metz et une partie de la Lorraine, l'Empereur, mon maître, et les militaires qui lui ont imposé cette résolution, ont commis la plus grande des fautes politiques » ? Certes, le Reichstag ne l'eût pas laissé continuer.

Mais il l'approuva fort quand il montra jusqu'où irait l'ambition de la France, si jamais elle était victorieuse, et quand il affirma que dans une guerre nouvelle, d'une part comme de l'autre, « chacun tâcherait de saigner son ennemi à blanc ». Tel était donc l'avenir que réservait à deux grands pays la politique de conquêtes inaugurée en 1864 et close provisoirement en 1870 ! Cependant, malgré tant d'éloquence, le budget de l'armée ne fut voté que pour trois ans, et il fallut une dissolution et une majorité nouvelle pour obtenir le septennat. Ce n'était pas encore assez. De nouveaux crédits paraissaient nécessaires pour renforcer cette armée et le chancelier dut faire de nouvelles démonstrations oratoires pour les obtenir. Il joua cette fois de l'alliance franco-russe. « Dieu a mis à côté de nous, dit-il, la nation la plus guerrière et la plus remuante, les Français, et il a fait grandir en Russie des penchants belliqueux qui, dans les siècles précédents, n'y existaient pas au même degré... Les brochets, dans le vivier de carpes européen, nous empêchent de devenir carpes, en nous faisant sentir sur les deux flancs l'aiguillon. Ils nous contraignent aussi à une cohésion entre nous Allemands qui répugne à notre nature la plus intime... Mais les deux étaux français et russe nous obligent à nous tenir unis. » Confiant en cette union, il prononça alors ces paroles qui ont été gravées sous son médaillon à Potsdam : « Nous autres Allemands, nous craignons Dieu, mais rien autre chose au monde ! », puis il crut devoir ajouter ces mots dédaigneux qui firent plus d'impression à Saint-Pétersbourg qu'à Paris : « Pour courir après notre voisin, nous ne recherchons plus l'amour ni en France ni en Russie. » Après ce discours, les crédits militaires furent votés en bloc et sans débats.

Cette journée du 6 février 1888 est la dernière journée triomphale du chancelier. Il ne retrouvera plus ni cette adhésion unanime ni ces ovations.

Lui qui avait dit que la France cherchait toujours des motifs de guerre, il s'était bien gardé d'avouer qu'il avait tout fait pour exciter l'Allemagne contre elle en 1875 et en 1887. Il avait omis à dessein le guet-apens de Pagny-sur-Moselle et l'affaire Schnœbelé qui avaient failli amener des hostilités immédiates. On peut affirmer ici en toute vérité que c'est du côté français que furent la prudence et la modération. Cette conduite si digne donnait donc un démenti formel aux allégations de Bismarck qui d'ailleurs connaissait bien la sagesse de la France, et avait cherché seulement un effet de tribune pour obtenir le vote de ses crédits. Le rapprochement sincère de la France et de la Russie l'exaspérait. Après avoir échoué dans le guet-apens de Pagny-sur-Moselle, il se plut pour froisser la Russie, à faire au prince de Saxe-Cobourg, le nouveau prince de Bulgarie, des avances aussi flatteuses qu'inattendues. Cette attitude n'offrait pas, on en conviendra, le moyen de garder « la voie libre » entre Berlin et Saint-Pétersbourg.

Le 9 mars 1888, Guillaume Ier mourait à l'âge de quatre-vingt-onze ans. Ce devait être pour Bismarck la perte la plus cruelle, car, après cet empereur qui, malgré ses ennemis acharnés, l'avait maintenu aux affaires, sa puissance allait s'amoindrir, puis s'écrouler.

La veille de sa fin, l'empereur le fit appeler et lui prescrivit de se tenir fidèlement aux côtés de ses successeurs. Prévoyant que le prince royal Frédéric, frappé d'une maladie mortelle, ne lui survivrait pas longtemps, il exigea du chancelier la promesse qu'il assisterait également son petit-fils de sa vieille expérience. Puis dans la dernière heure, il lui confia ainsi sa suprême pensée : « Il faut toujours rester en bons termes avec l'empereur de Russie. » L'autorité que le chancelier avait prise sur son souverain était immense. Elle datait de loin. Elle remontait à 1853, époque à laquelle Bismarck lui expliquait les questions politiques les plus importantes et le mécanisme de l'État. Dès les premiers jours, le prince avait été d'accord avec son ministre pour la formation de l'unité allemande, à laquelle d'ailleurs il pensait lui-même déjà en 1849. Guillaume Ier, qui avait plus que tout autre monarque, le sentiment de ses devoirs, le respect des traditions, l'amour de la patrie et de la famille, le culte des aïeux, connaissait les défauts du chancelier et les supportait. Il voyait avant tout ses mérites et il le considérait comme le serviteur le plus utile et le plus éclairé du royaume. Il sut lutter contre ses courtisans, contre ses ministres, contre l'impératrice elle-même qu'il adorait, pour maintenir Bismarck au pouvoir et lui permettre de réaliser tous ses plans afin de faire une Allemagne unie, grande et prospère sous le sceptre prussien. Mais s'il laissait critiquer par le chancelier les plus hauts personnages de la Cour, il ne lui permettait pas de toucher à la souveraine. Bismarck osa quelquefois se plaindre d'elle à l'empereur ; il fut reçu de manière à ne pas insister.

Dans ses *Pensées et Souvenirs,* Bismarck est plus juste pour l'empereur Guillaume que pour l'impératrice Augusta. Il vante la droiture et la constance, la noblesse et la générosité du souverain. Il le loue d'avoir compris que ce n'était pas pour lui un mérite de supporter un ministre considéré et puissant et d'avoir prouvé que le prestige impérial était rehaussé par l'influence et la valeur du ministre. Mais Bismarck ne pardonnait pas à l'impératrice son opposition contre lui et il oublia trop souvent les égards qui étaient dus à une souveraine et à une femme. Il eut à s'en repentir. Un jour, il se permit de lui reprocher de se mêler personnellement des affaires de l'État. « Elle se redressa, avoue-t-il lui-même, et ses yeux brillèrent d'un feu que je ne vis jamais, ni avant ni après. Elle coupa court à l'entretien et me planta là, disant à un personnage de la Cour : « Notre très gracieux chancelier est aujourd'hui fort peu gracieux! »

Qu'allait-il se passer à l'avènement de Frédéric III ? L'affaire de Danzig en 1863 et d'autres incidents, puis en dernier lieu l'ordre de l'empereur Guillaume, sur le conseil du chancelier, d'initier son petit-fils aux affaires de l'État et de lui confier même la signature des décisions du cabinet civil et militaire, toutes ces mesures avaient profondément blessé le prince Frédéric. De plus, la princesse Victoria, qui ne lui était pas plus sympathique que l'impératrice Augusta, avait, comme son mari, des vues libérales faites pour déplaire au chancelier. Aussi les ennemis de Bismarck croyaient-ils à sa chute prochaine. Ils se trompaient. Quoique mortellement atteint par la maladie, l'empereur Frédéric vint de San Remo à Berlin prendre en main le pouvoir. Comprenant que la présence du chancelier était encore nécessaire à la dynastie et, ne voulant pas dans sa triste situation soulever une crise ministérielle, il le pria de rester aux affaires. Le 12 mars il écrivait à Bismarck ces nobles lignes : « Peu soucieux de l'éclat des grandes choses qui apportent la gloire, je serai satisfait si, plus tard, on dit de mon règne qu'il a été bienfaisant pour mon peuple, utile à mon pays et une bénédiction pour l'Empire. » S'il eût vécu seulement quelques années, Frédéric III eût accompli ce généreux programme. Le 25 mars, se rappelant que Bismarck était, cinquante ans auparavant, entré comme volontaire dans la Garde prussienne, il tint à le féliciter lui-même. Il reconnut qu'il n'avait jamais manqué de se jeter dans la lutte et de combattre jusqu'au bout, chaque fois qu'il s'était agi du bien de l'armée. Ainsi que son père, il ne considérait que les services rendus par le chancelier à l'Allemagne. Il oubliait tout ce qui avait pu le froisser, comme l'opposition de Bismarck au mariage de sa fille avec le prince de Battenberg, motivée cependant par la raison d'État et pour ne pas créer une nouvelle cause de dissentiment avec la Russie. L'impératrice était moins indulgente que son mari, mais le chancelier ne cachait pas qu'il avait pour principal appui l'héritier de la Couronne qui lui avait publiquement adressé un toast enthousiaste, l'appelant le porte-drapeau de l'Empire et lui souhaitant de faire flotter longtemps encore ce drapeau. Fier de l'appui du prince, Bismarck ne pouvait alors se douter que, moins de deux ans après, à une faveur insigne allait succéder la plus amère des disgrâces.

Le 8 juin, la mort mettait fin aux souffrances héroïquement supportées par Frédéric III, et le prince Guillaume devenait roi de Prusse et empereur allemand.

XI

GUILLAUME II ET LA CHUTE DE BISMARCK

« Si je m'en allais, avait dit Bismarck en 1885 — au moment où une grave maladie de Guillaume Ier pouvait faire croire à un très prochain changement de règne, — quel serait le résultat ? L'empire d'Allemagne tout entier ne repose que sur la confiance que l'on a en moi à l'extérieur. Ah ! je pourrais sans doute m'en aller momentanément et voir comment ils s'en tireraient. Et puis je reviendrais, une fois l'expérience faite. Mais il est dangereux de faire de tels essais ! » La vérité, c'est qu'il ne pouvait, pas plus que Metternich avant 1848, admettre lui-même l'idée de sa retraite ou de sa chute. Il s'imaginait sincèrement qu'il mourrait à son poste, honoré jusqu'à la dernière minute de la confiance de l'Empereur ou de ses successeurs. Après s'être maintenu au pouvoir pendant les trois mois du règne de Frédéric III, et cela malgré l'impératrice Victoria et des ennemis acharnés, il pensait qu'il resterait de même auprès de Guillaume II. Il se trompait.

Au début, le jeune empereur lui avait témoigné les plus grands égards et le chancelier avait cru trouver en lui un élève docile et reconnaissant. Aussi lui pardonnait-il des discours impétueux et hardis, des mesures capricieuses et originales, des excursions aventureuses qui étaient, à son avis, l'effet de la fougue naturelle de la jeunesse. Mais ce bon accord ne devait guère durer. Le nouveau souverain aux allures impétueuses de jeune officier prussien, l'œil vif et hardi, le front haut, la moustache retroussée, l'air impérieux et l'humeur impatiente, aimant le mouvement, l'éclat et le changement, ayant acquis, grâce à une instruction supérieure, des lumières sur les principales questions, doué de qualités et de mérites particuliers, poète, prosateur, musicien, peintre, ingénieur, soldat et marin, possédant une éloquence naturelle et parlant beaucoup parce qu'il pensait beaucoup, affable et bienveillant dans l'intimité, mais redevenant tout à coup impassible et sévère à la Cour et devant son peuple, connaissant la grandeur de ses droits et la puissance de son Empire, résolu à gouverner par lui-même et à supporter sans faiblir la tâche la plus lourde, voulant exercer une action personnelle et intense non seulement sur les affaires de la Prusse et de l'Allemagne, mais encore sur celles de l'Europe, ce prince ardent, novateur et autoritaire déroutait Bismarck et effrayait ses soixante-treize ans. Alexandre III, venu à Berlin, demanda au chancelier avec une sorte de bonhomie s'il était sûr de sa position auprès du nouvel empereur. Bismarck répondit sans sourciller qu'il était convaincu de la confiance de Guillaume II. Le tsar félicita Bismarck de l'assurance qu'il avait en sa situation, mais avec un léger accent de doute. Et Bismarck reconnut plus tard que le tsar était mieux informé que lui. Un incident, qui suivit le départ du tsar, amena le premier froissement entre l'empereur et le chancelier. Comme Guillaume II informait Bismarck qu'il avait l'intention de rendre visite à Alexandre au château de Skiernewicz, en Pologne, le chancelier, mécontent de cette décision prise sans son assentiment, dit à son souverain : « Votre Majesté ignore-t-elle donc qu'au château de Skiernewicz il n'y a de place que pour les gens de l'empereur Alexandre ? » Ce propos ironique blessa Guillaume II et il s'en souvint.

Dans le discours du trône, l'empereur avait dit qu'il acceptait comme un précieux héritage de son aïeul la tâche de continuer la législation sociale si bien inaugurée par lui. Il ne croyait certes pas qu'il arriverait à bannir du monde avec des mesures législatives toutes les misères humaines, mais il se faisait un devoir d'essayer d'amoindrir les difficultés économiques actuelles et d'adoucir les souffrances des ouvriers. Il voulait, entre autres, faire aboutir un projet d'assurance effective de tous les ouvriers contre les risques de la vieillesse et de l'invalidité. Le chancelier accepta de défendre ces mesures. Il dit au Reichstag que si, malgré son âge avancé, il remplissait encore d'une manière satisfaisante la tâche difficile de ministre des Affaires Étrangères, il ne se désintéressait pas non plus des autres questions. Se glorifiant alors de l'expérience acquise pendant trente années de politique extérieure, il ajoutait que celle-là il ne pourrait la laisser en héritage à personne. Sous tous les autres rapports il admettait qu'il fût remplaçable.

Quant à la politique sociale, il lui était permis d'en revendiquer la paternité première. « J'ai réussi, disait-il, à gagner l'amour de feu l'empereur Guillaume Ier pour ces questions. L'empereur aujourd'hui régnant a fait connaître qu'il voulait s'approprier absolument cette tendance de son aïeul. Comment viendrais-je renier cette œuvre créée avec mon initiative? » Ce n'est pas qu'il croyait satisfaire toutes les ambitions, toutes les exigences. Ainsi, la démocratie socialiste n'était pas satisfaite du projet d'assurance, parce qu'elle avait besoin du mécontentement public pour lever en masse contre la société les bataillons d'ouvriers. Le chancelier savait aussi que certains libéraux, les Guelfes et les Polonais, paraissaient d'accord avec eux. Cela ne l'étonnait guère, pas plus que l'adhésion des Alsaciens-Lorrains. « Si les amis des Français que, par une décision trop hâtive, le Reichstag a admis dans son sein pour prendre part à la législation concernant l'Empire tout entier, — en vérité, nous n'avons pas fait la guerre pour nous inoculer quatorze Français ! — si ceux-là sont contraires au projet, c'est tout naturel. L'opposition de ces messieurs nous montre qu'il doit y avoir dans notre loi quelque chose de bon pour l'Empire allemand. » La façon brutale avec laquelle Bismarck reprochait au Reichstag d'avoir admis dans ses rangs les Alsaciens-Lorrains est le meilleur éloge de cette petite élite infatigable de représentants patriotes qui a été maintenue presque intégralement par les votes fidèles d'une population toujours et essentiellement attachée à la France.

En défendant la loi nouvelle, Bismarck affirmait qu'elle soulagerait les veuves et les orphelins et qu'elle apaiserait bien des misères. Il mit à la soutenir une telle ardeur qu'il en obtint le vote le 24 mai 1889 par 185 voix contre 165. La majorité n'était pas considérable, mais il s'en contentait. Ses ennemis avaient cru lui porter un grand préjudice en faisant publier dans la *Deutsche Rundchau*, le journal du prince royal Frédéric, écrit pendant la dernière guerre, du 11 juillet 1870 au 12 mars 1871. Cette publication était en effet très désagréable pour lui, car elle relevait entre le prince royal et Bismarck des divergences de vues de nature à aliéner au chancelier beaucoup d'esprits en Allemagne. Celui-ci, après avoir adressé un rapport à l'empereur, fit arrêter l'éditeur de la publication, le Dr Geffcken, qu'il traitait de faussaire et d'ambitieux aigri. Il soutenait dans son rapport que le journal du prince avait subi des altérations et il s'indignait de voir un intrigant falsifier une œuvre attribuée à celui qui avait été l'empereur Frédéric III. Malgré ses dénégations systématiques et intéressées, le journal était bien authentique et Geffcken dut être mis en liberté après quelques semaines de prison, aucun tribunal n'ayant voulu reconnaître sa culpabilité. En dépit de ces attaques, Bismarck paraissait encore tout puissant. Il était traité avec la même faveur qu'autrefois par les souverains qui venaient à Berlin. Il gardait ses allures autoritaires. Ainsi, il menaçait la Suisse qui lui semblait beaucoup trop tolérante pour la propagande socialiste et il lui faisait adresser des remontrances par d'autres États, intéressés, comme l'Allemagne, à lutter contre l'anarchie.

Mais au mois de mai, la grève des mineurs du bassin rhénan amena un différend entre le chancelier et le souverain qui aurait voulu donner quelque satisfaction à certaines revendications de ces ouvriers, tout en disant aux délégués Bunte, Schrœder et Siegel dont il avait tenu à entendre lui-même les doléances : « Mes oreilles seront toujours ouvertes aux justes réclamations, mais si vous bougez, je ferai tirer dans le tas ! » Bismarck vit d'un mauvais œil la prétention, déjà évidente, de Guillaume II d'être lui-même son premier ministre et il s'apprêta à la résistance. Il se sentait abandonné ou trahi par ses propres collègues et il se méfiait. Le différend s'accentua, lorsque furent présentés en conseil, sur l'avis direct de Bœtticher, les rescrits impériaux de février 1890 sur la protection du travail et qui furent insérés, malgré l'opposition de Bismarck, au *Reichsanzeiger* et sans son contre-seing. Il comprit alors que l'orage allait éclater.

Il avait cessé d'aller au Reichstag où les interruptions les plus malveillantes l'assaillaient à tout propos. On le disait malade. On allait jusqu'à lui reprocher l'abus de la morphine et il était obligé de faire démentir officiellement ce bruit par le Dr Schweninger. L'empereur était devenu d'une humeur très altière et n'admettait plus de conseils. Il avait fait venir en secret le général de Caprivi et lui avait dit que son aïeul, Guillaume Ier, l'avait désigné pour être le successeur de Bismarck, si celui-ci venait à disparaitre. Il lui fit ensuite comprendre que la retraite du chancelier était proche, car lui, le souverain, n'admettait pas que personne fît obstacle à sa politique ouvrière. Caprivi se défendait d'assumer une telle charge. Il était trop inexpérimenté. « Il vous suffira, répliqua froidement Guillaume II, d'exécuter mes ordres. » C'est précisément ce que refusait de faire Bismarck, n'entendant pas être réduit à l'état de simple machine. Il voulut, sans tarder, être au fait de la vraie situation et il dit busquement un jour à l'em percur : « Si je suis un obstacle aux projets de Votre Majesté, je suis prêt à me retirer. » Guillaume ne répondit rien. Mais, quelques jours après, il accepta la proposition du chancelier qui déclarait renoncer à l'un de ses portefeuilles, celui du Commerce, et le confia à M. de Berlepsch.

La circulaire impériale, relative à la réunion d'une conférence internationale ouvrière à Berlin, appelée à protéger les classes pauvres contre les excès du capitalisme industriel, fut le dernier coup. Bismarck osa la blâmer et dit à son maître qu'elle aurait une influence néfaste sur les élections. Guillaume prit mal l'observation et, quelques jours après, au dîner de la diète de Brandebourg, il prononça ces paroles : « J'accepte avec joie tous les concours, mais je pulvériserai quiconque essayera de contrecarrer mes intentions ! » A ces menaces non déguisées, le chancelier répondit par une plainte à l'empereur au sujet de son entente directe avec ses collègues du ministère en dehors de sa présence. Il lui rappela que l'ordonnance du 8 avril 1852, attribuait au premier ministre seul la responsabilité des actes officiels et ordonnait qu'aucune mesure importante ne fût prise sans lui avoir été préalablement soumise. L'empereur répliqua au chancelier en lui enjoignant de rédiger le projet d'une ordonnance destinée à révoquer celle de 1852. Les relations se tendaient de plus en plus.

Bismarck se vengea de l'attitude altière du

nouveau souverain, en disant partout qu'il avait en lui-même une confiance surprenante, puisqu'il n'entendait rien aux affaires. Il y ajouta des sarcasmes qui furent naturellement répétés. La brouille entre le chancelier et l'empereur devint presque de la haine. Un incident allait tout précipiter.

Après les élections qui venaient d'avoir lieu pour le Reichstag, le chancelier, se conformant à de vieilles habitudes qui remontaient à 1867, voulut s'entendre avec les chefs des principaux groupes constitutionnels au sujet des affaires soumises au Parlement. Le 14 mars 1890, il apprit que Windthorst, chef du centre catholique, avait demandé à lui parler. Il lui fit répondre que tout député avait libre accès auprès de lui et lui accorda immédiatement, par l'entremise de Bleichrœder, l'audience qu'il sollicitait. Le palais de la Wilhemstrasse était surveillé de près par les ennemis de Bismarck. Quelques heures après, l'empereur était averti de la conférence de son chancelier avec Windthorst et il s'en irrita. Il crut à un plan de campagne politique dirigé contre lui-même et il envoya aussitôt son chef de cabinet, Lucanus, à Bismarck pour lui enjoindre de le prévenir quand il aurait des conversations particulières avec des députés. « Veuillez dire à Sa Majesté, répondit Bismarck, que je ne reconnais à qui que ce soit le droit de m'imposer le choix des personnes qui franchissent mon seuil. »

Le lendemain, 15 mars, à dix heures du matin, l'empereur vint en personne au palais et demanda le chancelier. Celui-ci, qui était encore au lit, s'habilla rapidement et se vit brusquement interrogé ainsi par son souverain très excité : « Que signifient vos négociations avec Windthorst ? » Bismarck répondit qu'il n'avait rien négocié, mais tenu seulement une conversation intime. Guillaume insista sur son droit d'être prévenu de toute entrevue du chancelier avec des chefs de groupes parlementaires. « Je ne puis admettre, riposta Bismarck, aucune surveillance de mes rapports avec les députés et je n'accorde à personne le droit de commander dans ma maison. — Pas même quand je vous l'ordonne comme souverain ? reprit le monarque avec colère. — Pas même dans ce cas, Majesté. Les ordres de mon empereur s'arrêtent devant la porte du salon de la princesse de Bismarck... Ce n'est d'ailleurs que pour tenir une promesse faite à l'empereur Guillaume Ier que je suis resté au service de son petit-fils. Si je suis importun à Votre Majesté, je suis prêt à me retirer. » L'empereur fit un geste affirmatif et sortit très décidé à ne plus conserver le chancelier auprès de lui.

Quoique la rupture parût définitive, Bismarck se remettait à travailler au mémoire, demandé quelques jours auparavant, sur l'ordonnance de 1852, lorsque le 17, l'aide de camp impérial, le général de Hahnke, vint lui dire que l'empereur attendait sa démission. Alléguant son état de santé et la gravité des circonstances, Bismarck répondit froidement : « Je considérerais comme un manque de conscience à l'égard de Sa Majesté et de la patrie si, dans les circonstances actuelles, je désertais mon poste. Une demande de retraite, remise par moi actuellement, donnerait une image de la situation absolument fausse au point de vue historique. Sa Majesté a le pouvoir de m'imposer mon congé à n'importe quelle heure. Quant à moi, je ne puis mettre fin à ma carrière politique par un acte dont je considère les suites comme fatales pour le peuple et l'empire allemands. » Hahnke s'en va donc sans emporter la démission du chancelier. Le grand duc de Saxe-Weimar, le grand duc de Hesse, le duc de Saxe-Cobourg-Gotha veulent intervenir. L'empereur ne les écoute pas. Il renvoie M. de Lucanus auprès du chancelier et il lui fait réitérer la demande officielle de sa démission, en ajoutant qu'il s'étonne de ses retards et il lui donne quelques heures pour se décider.

Le chancelier, qui s'accroche désespérément au pouvoir et ne veut pas comprendre que la décision du souverain est cette fois irrévocable, répond : « Je suis prêt à signer tout de suite mon simple renvoi, mais quant à ma demande de retraite qui sera le dernier document officiel émanant d'un ministre qui a une certaine figure dans l'histoire de l'Allemagne et de la Prusse, j'ai besoin de quelque délai. Je le dois à moi-même et à l'histoire qui voudra savoir un jour pourquoi j'ai reçu mon congé. » Le 18 mars Bismarck minute cet exposé et y travaille avec un soin particulier, espérant toujours que son maître se calmerait et le prierait de rester aux affaires.

Toutefois, voulant défendre dignement ses derniers actes officiels, il motive sa démission sur le refus de présenter un projet qui annule l'ordonnance de 1852. Il fait l'historique de cette mesure qui investissait le premier ministre de l'autorité nécessaire pour accepter la responsabilité de la politique du Cabinet. Il dit que si chaque ministre peut recevoir directement des ordres du souverain sans s'être entendu avec ses collègues, il n'y a plus d'unité politique, et ni lui ni ses successeurs ne pourraient accepter un tel amoindrissement de leur autorité. L'abrogation exigée par Sa Majesté de l'ordonnance de 1852 l'amenait donc fatalement à abandonner le pouvoir. Bismarck ajoutait que, depuis un certain temps, l'empereur avait posé à l'extension de ses droits des restrictions qui ne lui permettaient plus de participer aux affaires de l'État comme il le croyait digne. Quant aux questions extérieures, la politique que voulait suivre l'empereur lui paraissait de nature à mettre en danger tous les résultats importants que, d'accord avec Guillaume Ier et Frédéric III, il avait obtenus notamment dans les relations allemandes avec la Russie. Il terminait ainsi : « Après avoir mûrement réfléchi aux intentions de Votre Majesté, je la prie humblement de vouloir bien me retirer la charge de chancelier de l'Empire et de président du Conseil, de ministre prussien des Affaires Étrangères, en m'attribuant la pension fixée par la loi. D'après mes impressions de ces dernières semaines, d'après les déductions que j'ai faites hier des communications du Cabinet civil et militaire de Votre Majesté, je crois pouvoir respectueusement admettre qu'en priant Votre Majesté de me retirer mes charges, je vais au-devant de ses désirs et puis, par conséquent, compter sûrement sur son précieux consentement. » Mais voici la flèche du Parthe : « Il y a déjà un an que j'aurais présenté à Votre Majesté une requête demandant à me relever de mes fonctions, si je n'avais eu cette impression que Votre Majesté souhaitait de pouvoir utiliser encore l'expérience et les facultés d'un fidèle serviteur de ses ancêtres. Mais maintenant que je suis sûr que Votre Majesté n'en a plus besoin, je puis me retirer de la politique sans avoir à craindre que cette démission soit condamnée comme prématurée par l'opinion publique. »

Rien, dans sa pensée, ne faisait plus valoir l'ingratitude du jeune souverain qui, deux ans à peine après son avènement, congédiait le chancelier dont la présence semblait encore pour toute l'Allemagne si indispensable aux affaires. Rien non plus ne faisait mieux valoir sa décision personnelle de quitter lui-même le pouvoir sans y être forcé. Il signifiait son départ à son maître dans une sorte de rapport officiel, aussi froidement que s'il se fût agi de l'un de ses collègues, sans enrichir ce rapport des humbles formules d'usage.

Enfin, *volens nolens*, la démission est signée. M. de Lucanus la reçoit des mains du chancelier et, avant de se retirer, il lui remet au nom de l'Empereur un pli officiel qui le crée duc de Lauenbourg. Bismarck décline cet honneur avec dédain. Lucanus croit devoir ajouter, au nom de Guillaume II, qu'il sera pourvu par une dotation aux charges nouvelles qui résulteront de son nouveau titre. Bismarck réplique par ce refus formel : « J'ai derrière moi une carrière qui ne permet pas de supposer que je la termine en courant après une gratification, comme on en donne au jour de l'an aux facteurs qui ont bien fait leur service. ». Ce titre, dont le prince ne voulait pas, avait d'ailleurs l'air d'une méchanceté raffinée. Voici pourquoi. Le 5 avril 1876, le chancelier qui ne prévoyait certes pas alors la moindre disgrâce, disait au Reichstag, avec une ironie peu déguisée, à propos de l'absorption du duché de Lauenbourg par l'Empire : « J'avais toujours compté que lorsqu'un jour je ne serais plus en état d'être chancelier de l'Empire, je pourrais me réserver pour mes vieux jours les affaires de ce duché (*Rires*). Je renonce à cette espérance, que ce soit ou non avec plaisir, ceci me regarde. » Guillaume avait évidemment lu ce discours du chancelier et retenu ce passage. Ne pouvant lui offrir la direction des affaires du Lauenbourg, il lui en donnait le titre. Le chancelier a dû saisir l'allusion. Aussi refuse-t-il avec dédain le dernier présent du jeune souverain et s'en va-t-il furieux. Il voulait être et il est resté Bismarck. Ce nom, d'ailleurs dans sa rudesse brève, sonne étrangement et ces deux syllabes qui rappellent l'homme qui, pendant trente années, a troublé et bouleversé l'Europe, sont de celles qu'on n'oublie pas.

Donc il s'en va, mais quel départ ! Il sait qu'il est surveillé, espionné, traqué. Il craint même qu'on ne vienne chez lui faire des perquisitions et des saisies. Il ne se croit plus en sûreté. Il cache dans des cartes de géographie des papiers importants qui serviront plus tard à sa vengeance. C'est le châtiment qui commence. Il a congédié les autres. A son tour il est congédié. Ni l'obstination, ni la ruse, ni l'invocation des services rendus ne sont venus à bout de la volonté du souverain. Il faut quitter la place et chose bien étrange dans cette aventure dramatique, c'est une caricature du *Punch* qui donnera la meilleure image de cette retraite forcée. Sur le pont d'un grand navire, le jeune empereur, couronne en tête, regarde en souriant descendre lentement par l'escalier du bord, dans une chaloupe qui doit le ramener au rivage, le vieux pilote sombre et courroucé. Je ne connais rien de plus émouvant et de plus vrai que cette allégorie.

Bismarck, forcé de céder à un autre la barre

du pouvoir, se préoccupe de rectifier l'opinion qui s'égare. Il ne veut pas qu'on pense que sa démission est due à la crainte d'une opposition redoutable au Reichstag. « Je ne désirais pas, dit-il à un journaliste venu pour s'entretenir avec lui, m'en aller avant l'été et j'ai offert de défendre la politique impériale au Reichstag et d'engager la lutte avec le Parlement. On n'a pas voulu me le permettre. Le jeune empereur veut tout faire par lui-même et il se figure qu'il le peut... Ma retraite est involontaire. Il ne faut pas avoir peur de le crier partout. C'est même le plus grand service que l'on puisse me rendre. Ce jeune homme voudrait bien le cacher, je le sais. Il a été jusqu'à faire appeler le Dr Schweninger et à tâcher de lui faire dire que ma démission était due à des raisons de santé. » Puis, opposant au traitement brutal dont il venait d'être victime la gratitude que Guillaume Ier rendait à ses services, il publie une lettre du vieil empereur qui remerciait Dieu de l'avoir placé à ses côtés dans une heure décisive et d'avoir tracé à son gouvernement le chemin glorieux qu'aucune imagination n'aurait pu rêver. Elle se terminait ainsi : « Je reste même au delà de la tombe votre reconnaissant et fidèle Empereur et Roi. »

Il paraîtrait que, tout en se félicitant d'être débarrassé d'un Mentor despotique, Guillaume II aurait éprouvé quelque gêne quand il reçut enfin la démission exigée par lui. Il s'en serait excusé auprès de quelques intimes en déclarant que la nature du chancelier et la sienne étaient incompatibles et que ni l'un ni l'autre n'auraient jamais voulu transiger sur le moindre point. Ce qui le préoccupa davantage, ce fut l'opinion publique qui, dans les premiers temps, parut lui donner tort et déplorer une disgrâce injustifiée. Lorsque Bismarck se rendit en uniforme de cuirassier à la gare de Lehrte pour retourner à Friedrichsruh, une foule énorme le suivit en l'acclamant et en le couvrant de fleurs. Très ému, il la remercia de cette ovation et prononça ces trois mots qui aux uns semblèrent une menace, aux autres une espérance : « L'Empereur me reverra ! »

Une fois à Friedrichsruh, il ronge impatiemment son frein et maudit la destinée qui lui a retiré le pouvoir au moment où il se croyait encore supérieur à tous. Il écrit, pour distraire ses regrets et ses ennuis, ses *Pensées et Souvenirs* dans lesquels il raconte ses débuts en diplomatie, les dramatiques événements de 1848, les affaires du parlement d'Erfurt et la convention d'Olmütz, les actes de la légation à Francfort et ses ambassades à Saint-Pétersbourg et à Paris, ses entrevues avec Alexandre, Napoléon et François-Joseph, ses projets d'alliances si variées, ses longs et pénibles travaux de ministre d'État et de président du Conseil, ses plans politiques pour l'unité allemande et ses trois guerres, les incidents de Versailles pour la paix, le congrès de Berlin, le Kulturkampf et la Triple Alliance. C'est une revue complète de la politique allemande pendant plus de quarante années, où le dédain de la politique de sentiment apparaît à toutes les lignes et où la morale et la justice sont traitées à la légère, c'est-à-dire diplomatiquement... Et cependant, il y a là des pensées qui, par leur puissance et leur originalité, en suscitent nombre d'autres fortes et graves. Un troisième volume est, paraît-il, consacré au récit du différend politique entre Guillaume II et le vieux chancelier, différend qui a fini par sa disgrâce. Ce sera évidemment le plus curieux des trois, si l'on en juge par les difficultés provenant de haut qui retardent ou empêchent sa publication. Mais dans le second volume il y a, après un juste hommage rendu à la droiture de Guillaume Ier et à son ignorance ou à son dédain des petites coteries, quelques lignes expressives qu'il ne faut pas oublier : « Autrefois, écrit Bismarck, les souverains tenaient les aptitudes en plus haute estime que l'obéissance. Faire de l'obéissance le criterium unique en toutes choses, c'est attribuer à un souverain une universalité de talents que n'aurait pas eue Frédéric le Grand lui-même. Et cependant de son temps la politique était chose moins difficile qu'aujourd'hui. »

La raison de la disgrâce subite de Bismarck est donnée par Bismarck lui-même. Habitué depuis trente ans à faire prévaloir sa volonté devant le souverain, devant le Reichstag et le pays, il n'a pas voulu obéir. A la fin de sa vie, il a rencontré subitement un maître qui demandait à être servi sans réplique. Il a refusé de céder à ses caprices et à ses exigences. Mais pour qu'on ne l'accusât pas d'être un indiscipliné, il a fait mettre sur sa tombe ces simples mots : « Fidèle serviteur de l'Empereur Guillaume Ier. »

XII

L'EXIL ET LA MORT

Deux mois après sa démission, s'entretenant familièrement avec un journaliste français auquel il avait bien voulu ouvrir les portes de Friedrichsruh, Bismarck disait de Guillaume II : « Je n'en veux pas à mon maître. Il est ardent, il est actif. Il veut faire le bonheur des hommes, c'est naturel à son âge. Il n'est pas extraordinaire qu'un vieux Mentor lui ait déplu. Un vieux cheval de labour et un jeune coursier sont mal attelés ensemble. Je suis vis-à-vis de lui dans la situation d'un père que son fils aurait maltraité. Il a beau en souffrir, il dit : Tout de même, c'est un gaillard vigoureux !... Mais il m'était impossible d'accompagner un souverain qui voyage si loin. Il ne me déplaît pas qu'un prince veuille gouverner directement... Seulement, s'il avait assez de moi, pourquoi ne me l'a-t-il pas dit plus tôt ? Je lui aurais préparé tout de même une bonne sortie. » Puis, après un silence, et quittant l'air bonhomme qu'il avait pris durant toute cette tirade : « Si l'empereur a sa gloire à faire, moi, j'ai la mienne à garder ! »

Telle était en général la teneur des propos que l'ancien chancelier émettait à l'égard de son ancien maître. Quelquefois même ils étaient plus vifs, mais au fur et à mesure que les mois s'écoulaient, ils rentraient dans le ton d'une conversation moins mordante, quoique toujours ironique. La disgrâce étant devenue un fait accompli, il se calmait et se rassérénait un peu. Non pas qu'il ne cherchât à jouer à ses successeurs et même à l'Empire quelques tours de sa façon pour montrer qu'on aurait eu encore besoin de lui ; non pas qu'il ne gémît sur l'ingratitude des princes et sur une retraite qu'il jugeait prématurée à soixante-quinze ans ! « Je ne suis plus sur les planches, disait-il, j'arrive à la représentation comme un simple spectateur, mais j'ai payé mon billet de parterre et je pense avoir acheté du même coup le droit de critique. »

Il essaya bientôt de reprendre le dessus et de combattre les amertumes de la disgrâce par des exercices physiques ou intellectuels, la promenade, l'équitation, la chasse, la surveillance de ses domaines, la correspondance, l'accueil de nombreuses députations, la causerie, la rédaction de ses *Souvenirs*. Il avait renoncé au port journalier du costume militaire auquel, par économie de temps, il était habitué depuis Sadova. Il portait maintenant une longue houppelande, des bottes et un large feutre noir. Il reprenait ses laborieuses habitudes de gentilhomme campagnard, puis après de rudes fatigues, assis sur le banc de bois qu'on a pris soin de laisser devant le mausolée qui domine Friedrichsruh, il se dressait tout à coup, comme s'il avait entendu quelque appel, et retombait sur le banc, en murmurant avec tristesse : « J'oubliais que je n'ai plus rien à faire ! »

Gladstone se distrayait de ses rudes occupations politiques en abattant des chênes. Lui, après avoir scié des hommes, il sciait maintenant des sapins. Il paraissait ne plus s'intéresser qu'aux plantes, aux fleurs, aux légumes, et la princesse de Bismarck disait en souriant aux rares hommes d'État qui n'avaient pas oublié le chemin de sa retraite : « Il aime encore mieux un navet que toute votre politique. » Cependant, il y pensait toujours et lorsque de graves affaires en Europe appelaient son attention, il s'écriait avec orgueil : « Quant à la politique extérieure, il est impossible d'y rien changer. L'ornière a été creusée par moi si profonde qu'il faut bien que les roues du char y restent. Nous ne voulons plus rien. L'Allemagne n'a besoin ni de trois millions de Hollandais qui ne veulent pas être absorbés, ni des provinces baltiques. Nous avons assez d'annexés qui restent obstinément fidèles à leur nationalité, sans tenter d'en digérer davantage. Maintenant nous sommes saturés et nous ne voulons courir aucun hasard. » Lui peut-être, je le veux bien ; mais ses successeurs et le nouvel empereur étaient-ils de cet avis ? Le pangermanisme, dont il se moquait autrefois, ne reprenait-il pas une force nouvelle ? *Ein deutsches Weltreich, ein Weltmacht, eine Weltpolitik*, n'était-ce pas le rêve des politiciens exaltés par les triomphes et la prospérité de l'Allemagne, n'était-ce pas le désir ardent des générations nouvelles ? Mommsen n'avait pas encore dit : « De même que les Allemands d'Autriche regardent vers l'Allemagne, de même les Allemands de l'Empire regardent vers l'Autriche. » Mais beaucoup d'Allemands avaient déjà cette préoccupation. Quant à lui, il persistait à laisser l'Autriche tranquille et indépendante. En 1866, il s'était opposé, comme on l'a vu, à tout morcellement de cet empire, malgré son roi et un état-major avide, parce qu'il connaissait la force de résistance des Tchèques, parce qu'il ne voulait pas joindre neuf millions de catholiques de plus aux 17 millions de catholiques allemands pour installer un État catholique au centre de l'Europe, parce qu'enfin il voulait épargner à son pays des agitations dangereuses et ne pas compromettre la solidité de son œuvre. Il savait bien qu'on trouvait ses conseils arriérés, mais il persistait à dire : « Il ne faut pas toucher à l'Autriche... Vienne et Berlin ne peuvent pas exister simultanément dans le même Empire. » Il croyait avoir, par la Triple Alliance de 1879, maintenu la prépondérance du germanisme en Autriche et cela lui suffisait.

Les questions sociales, qui agitaient son pays, continuaient de le préoccuper. « On croit, disait-il, qu'il est possible de rendre l'humanité heureuse et contente de son sort. Il y a de l'inégalité parmi les hommes. Il y en aura toujours. La Providence a disposé les choses de cette façon que le désir de monter à la hauteur de ceux qui sont au-dessus entretient leur émulation nécessaire. C'est le ressort le plus puissant de l'activité humaine. » Et ce ressort, il était d'avis de lui laisser sa force et son élasticité, dans l'intérêt même de la société.

Il paraissait, maintenant qu'il n'était plus au pouvoir, juger les Français avec plus de modération et de justice. Il daignait reconnaître que la grande masse du peuple français aime le travail, fait des économies, pense au présent et à l'avenir. « L'unique danger en France, remarquait-il, c'est que la minorité entraîne trop souvent la majorité. C'est l'histoire même de ses révolutions. » Cette sérénité de jugement l'abandonnait parfois, car la nostalgie du pouvoir le reprenait. Il se plaignait qu'on lui eût dérobé son bien et qu'on eût profité de son grand âge, quoi qu'il fût encore vaillant.

« Qui me rendra ma légitime conquête? disait-il comme Méphistophélès dans la dernière scène de *Faust*. Tu t'es trompé dans tes vieux jours... Cela va mal horriblement pour toi! » Il critiquait, il blâmait ses successeurs. Caprivi lui paraissait un excellent général, mais il avait eu le tort d'entrer dans la politique. Aussi l'appelait-il « le ministre étranger aux affaires » et disait-il que la politique de l'Allemagne était dirigée

« par un troupier en retraite ». Il n'était guère plus tendre pour le prince de Hohenlohe, ni pour Marschall, ni pour Bœtticher qui, du reste, avait été indigne à son égard. Il se moquait de la plupart des députés qui n'avaient ni le goût du travail ni le sentiment du devoir, qui ne lisaient, n'étudiaient et ne savaient rien. Le gouvernement lui semblait aller à l'aventure, sous la direction mobile d'un chef capricieux. Aussi Bismarck ne se gênait-il guère pour causer de temps à autre des embarras à ce gouvernement. Il faisait venir des journalistes et leur racontait tout ce qu'il voulait que l'on sût. Il prenait pour confident habituel les *Nouvelles de Hambourg* et les courtisans, les ministres, les députés n'ouvraient qu'avec inquiétude ce terrible journal. Il tirait de ses archives des papiers d'État qui éclataient dans l'Allemagne et dans l'Europe surprises comme autant de shrapnels. Il grondait contre les novateurs et les audacieux qui touchaient à son œuvre et les menaçait des représailles de l'avenir. Il blâmait les nouvelles acquisitions coloniales et le pangermanisme qui lui semblait aussi insensé que l'impérialisme anglais. Il n'avait pas assez de railleries pour les idées philanthropiques à la mode, les réformes administratives et économiques, qu'il jugeait néfastes, et il prédisait amèrement des désastres.

Enfin, il ne pouvait se consoler de voir l'union franco-russe se fortifier ; il accusait Caprivi de n'avoir pas su renouveler l'accord secret avec la

Russie qui promettait une neutralité bienveillante à l'une des deux puissances qui serait attaquée. Il avait bien soin de faire comprendre qu'en même temps que l'assurance des Autrichiens contre le péril russe, l'Allemagne avait obtenu, grâce à lui, jusqu'en 1890 la réassurance russe contre le péril français. Mais le nouveau chancelier, qui tenait plus à l'amitié autrichienne qu'à l'amitié russe, n'avait pas voulu reprendre les combinaisons compliquées de l'ancien chancelier. Il avait jugé meilleur pour la politique allemande de ne point renouveler le traité secret de 1884 et de 1887. Les révélations de Bismarck blessèrent les gouvernements allemand et autrichien, répandirent un certain émoi en France et en Russie, mais leurs effets, comme on l'a vu plus haut, durèrent peu et ne produisirent pas le trouble sur lequel l'esprit rancunier de l'ancien chancelier avait compté.

Ainsi que le prouve cet incident, le prince de Bismarck donnait barre sur lui par son attitude étrange. Ne pouvant se faire à l'idée d'une retraite forcée, il avait entrepris avec rage une véritable campagne contre son successeur, contre les ministres et le souverain lui-même. Une presse, avide de scandales, recueillait toutes ses paroles, les publiait et augmentait ainsi le nombre de ses ennemis, déjà fort grand.

En 1891, la dix-neuvième circonscription de Hanau l'élut député au Reichstag. Il n'y vint jamais. En 1893, on voulut renouveler son mandat.

Il refusa. Les manifestations se multiplièrent à Friedrichsruh et inquiétèrent le gouvernement qui fut cependant contraint de le ménager, pour ne pas froisser l'opinion publique toujours mécontente des mesures de disgrâce et d'exil prises contre lui. Mais il fit savoir à ses diverses légations qu'il ne fallait tenir aucun compte des déclarations du prince. La patience n'était d'ailleurs pas la vertu principale de Guillaume II. En 1892, le *Reichsanzeiger* publia deux rescrits qui défendaient à l'ambassadeur d'Allemagne à Vienne d'assister au mariage du comte Herbert de Bismarck avec la comtesse Hoyos et blâmaient sévèrement les communications faites aux journaux par l'ancien chancelier. En outre, les cercles officiels viennois furent invités à s'abstenir de toute démonstration amicale à l'égard de son fils, au sujet de ce mariage. C'était aller un peu loin. L'empereur d'Allemagne, qui ne pardonnait point les offenses faites à sa personne, déclarait officiellement, et par l'intermédiaire du chancelier de Caprivi, que le prince de Bismarck n'avait plus d'influence sur la politique allemande. C'est ainsi que le petit-fils de Guillaume Ier traitait celui que son aïeul avait comblé d'hommages et d'honneurs... Les procédés rigoureux de Caprivi et de son maître exaspérèrent les partisans nombreux de Bismarck. Ils allèrent à sa rencontre à Munich, à Iéna, à Kissingen et s'efforcèrent de consoler sa disgrâce par des ovations enthousiastes.

Devant l'attitude de ses sujets, Guillaume II

modéra ses ressentiments. Il profita d'une maladie grave du prince en 1893, pour lui offrir un de ses châteaux pendant toute la durée de sa convalescence. Bismarck refusa cette offre, mais avec la plus parfaite courtoisie. L'année suivante, un aide de camp impérial vint à Friedrichsruh lui offrir cordialement, et suivant un antique usage de la Cour, une bouteille du Steinberger de 1842, provenant des caves du château, — vin que la malice publique appela le *Lacrima Caprivi*, — et invita le prince aux fêtes du 25e jubilé militaire de Sa Majesté. Ne voulant point garder rancune à un souverain qui faisait de telles avances, Bismarck se rendit à l'invitation et fut nommé chef du 7e régiment de cuirassiers. Le 1er avril 1895, jour où l'ancien chancelier avait atteint l'âge de quatre-vingts ans, l'Empereur vint en personne à Friedrichsruh, devançant les innombrables députations qui allaient faire au vieil homme d'État une sorte d'apothéose... S'il était mort à ce moment suprême, il eût laissé de lui un souvenir sans égal. Comme ses amis le félicitaient de tant d'ovations, il leur dit avec amertume : « De mon vivant, on me rend les honneurs funèbres et, en même temps, on fait des vœux pour que je meure le plus vite possible ou que je me taise pendant le reste de mes jours. » Puis, après un soupir, il répéta le mot de Cromwell : « Ils seraient encore bien plus nombreux s'ils avaient pu me voir pendre ! »

Donc il survécut à l'apothéose du 1er avril 1895.

La rancune et ses âpres jouissances reprirent possession de lui. Il fit voir à Hohenlohe qu'il ne l'aimait pas plus que Caprivi. Il recommença ses attaques et ses plaintes, mais il ne trouva plus autant d'échos. Les députations et les manifestations, interdites ou contrariées par le gouvernement, devinrent rares à Friedrichsruh. La maladie, qui devait l'emporter, se fit instante et cruelle. Celui qui, de ses pas de géant, foulait rapidement les longues allées du Sachsenwald et que ses dogues agiles avaient parfois peine à suivre, était maintenant traîné dans un fauteuil, ou assis sans forces à l'entrée de la forêt devant le tertre qui devait recevoir sa dépouille. Mais, jusqu'au dernier jour, l'intelligence anima le puissant cerveau de l'homme qui, par le fer et par le sang, avait donné à la Prusse l'hégémonie sur l'Allemagne et fondé un vaste Empire. Le samedi 30 juillet 1898, vers trois heures, l'agonie commença, tandis qu'une tempête se déchaînait sur la mer du Nord et qu'un vent furieux ébranlait les fenêtres du château et gémissait dans les sapins de l'immense forêt. A onze heures du soir, le prince se dressa sur son lit, porta les deux mains à ses yeux comme s'il voulait écarter quelque vision terrible et mourut entre les bras de sa fille Marie et de son gendre, le comte de Rantzau.

A deux cents mètres de la gare de Friedrichsruh et en face du château, séparé seulement par la voie ferrée de Hambourg à Berlin, se dresse sur une toute petite colline du Sachsenwald le mausolée du prince de Bismarck. Il a l'aspect d'une modeste église de campagne de style roman et en pierre jaunâtre sur un épais soubassement de moellons cimentés. Il est surmonté d'une tourelle massive et basse à six fenêtres trilobées et au toit d'ardoises où luit une croix dorée. Le chœur très simple avec ses quatre fenêtres se profile le long de la voie. L'entrée fait face à la forêt. On y accède par un joli sentier ombreux au milieu de chênes, de hêtres et de sapins. Sur une lourde porte de bois aux ferrures argentées, entre deux colonnettes de marbre, est placé l'écusson du prince : un trèfle à trois feuilles sans tige, couronné d'un casque. Un paratonnerre domine l'édifice pour préserver de la foudre la dépouille de celui qui avait dit : « Nous autres Allemands, nous ne craignons que Dieu et rien autre en ce monde ! » Parole hautaine qui est faite pour inspirer plus d'une réflexion... Ne craindre que Dieu, mais pour un despote n'est-ce pas tout craindre? Quand on a mis sa confiance uniquement dans la force, quand on a fait de cette force le mobile ou le principal appui de ses actes, quand on a invoqué à tout propos la cruelle raison d'État, affecté et pratiqué un mépris souverain de la vie humaine, puis élevé son édifice politique sur la ruse et la violence en sapant tous les obstacles, en oubliant promesses et serments, en arrangeant à son gré les dépêches officielles, en fermant l'oreille aux protestations et aux plaintes les plus légitimes, en déclarant que la douleur humaine n'a rien à voir avec les affaires, dire après après cela qu'on ne craint que Dieu, c'est montrer une présomption bien orgueilleuse, mais qui devant le Juge s'évanouira.

C'est à cela que je pensais, en contemplant le mausolée du prince, un matin où nul ne troublait la paix profonde de Friedrichsruh. Assis à l'orée du bois, je songeais que cet enclos tranquille et ces quelques pierres renfermaient l'homme qui, dans le bruit des colloques humains, des Assemblées, des congrès et des conférences, ou dans le fracas des batailles et la mêlée orageuse des peuples, avait cherché surtout la satisfaction complète et brutale de son orgueil et de ses ambitions politiques, et s'était dit lui-même « fier de sa vieille réputation d'homme d'État prêt à user de la violence pour un rien ». Ce géant casqué, dont les yeux inquiétants et la mâchoire féroce causaient à première vue un indicible effroi, ce grand bouleverseur d'hommes et d'idées, sans cesse en mouvement et aux prises avec les plus terribles problèmes, était maintenant dans ce lieu « où l'on ne reconnaît plus ni princes, ni rois, ni toutes ces qualités superbes qui distinguent les hommes ». Il était là, scellé dans un double cercueil de plomb et de chêne, attendant ce jugement final qu'il avait paru redouter le jour où il s'écriait : « Je me sens l'âme triste, je n'ai jamais dans ma longue vie rendu personne heureux... J'ai fait du mal, beaucoup de mal... Mais cela est affaire entre moi seul et Dieu! » Celui qui avait fait tomber sa dextre implacable sur les individus et sur les nations, qui, d'un mot, d'un geste, avait fixé ou tranché leurs destinées, était oublié dans ce champ mal défriché où repoussaient çà et là de petits sapins sauvages. Qu'étaient devenus les courtisans qui, huit ans auparavant, célébraient son génie, les soldats et les généraux qui l'appelaient le premier officier de la monarchie prussienne, les foules qui l'acclamaient, les lettrés et les savants qui en avaient fait « le divin architecte du royaume »?

De temps à autre seulement et troublant le profond silence, un train montait ou descendait en sifflant le long du champ funèbre et rappelait que la vie continuait. Ces cris rauques et le bruit de cette ferraille sonore avaient quelque chose de sinistre comme un cliquetis d'armes ou un sifflement d'obus; mais ils ne devaient pas effrayer l'ombre du chancelier qui avait choisi ce voisinage pour montrer que, même après la mort, il aimait l'agitation humaine. De tous les bruits qui étaient montés jusqu'à lui, c'était le dernier! Les voyageurs qui passent sur cette route si fréquentée de Hambourg à Berlin, ne regardent même pas le mausolée qui borde la voie. Aux rares promeneurs que le hasard amène encore de ce côté, une sorte de mendiant souffreteux vend quelques images grossières du monument, et c'est tout.

On se souvient de la promesse faite par l'empereur à ses héritiers : « Je préparerai à sa dépouille mortelle une dernière demeure dans le Dom, à côté de mes ancêtres! » Le Dom est cette immense église évangélique qui, voisine du palais impérial de Berlin, enlaidit le Lustgarten par ses murs blanchâtres, ses statues prétentieuses et ses pesantes coupoles. Mais la famille s'est hâtée de placer le chancelier dans l'endroit qu'il avait choisi de son vivant : « J'aimerais, avait-il dit, être enterré en face de la maison où j'ai vécu les dernières années de ma vie. » Il se souciait peu des hommages princiers et des cérémonies solennelles. Ah! s'il était mort à Berlin en pleine puissance comme il l'aurait voulu, la Cour, l'armée, tout un peuple eussent suivi ses funérailles. Le service funèbre à l'église de Charlottenbourg réunit si peu de monde que le grand maréchal de la Cour dut, pour remplir les places vides, laisser le public entrer librement dans la nef.

A ses obsèques, à Friedrichsruh, assistaient seulement l'empereur, l'impératrice, le ministre des affaires étrangères, le président du Landtag et le président du sénat de Hambourg. Le même jour devait voir l'inhumation du prince et de la princesse de Bismarck dans le même caveau. Le cercueil de la princesse, ramené du château de Varzin et précédé d'une musique militaire, était porté le premier par des domestiques drapés dans de grands manteaux noirs et entourés de deux compagnies d'infanterie. Venait ensuite le cercueil du prince, porté par les gardes forestiers, ses derniers amis, et accompagné par les cuirassiers blancs de son régiment de Seydlitz. Autour du mausolée se groupaient des notables et des bourgeois de Hambourg, des militaires, des paysans, des femmes et des enfants qui portaient des torches allumées, des couronnes ou des bouquets. L'empereur, l'impératrice, le prince Herbert, le comte de Rantzau et quelques personnes de la suite impériale fermaient le cortège. Après le choral « *Christ est ma vie* » chanté par tous les assistants et quelques paroles du pasteur du village sur les joies de la vie éternelle, cette simple cérémonie prit fin.

Au peintre de Lenbach, son ami, qui, peu de jours avant sa mort, lui souhaitait encore quelques jours heureux, le prince avait répondu avec amertume : « Il n'y a plus qu'un jour heureux qui me soit réservé, c'est celui où je ne me réveillerai plus. « C'est presque le mot du grand Frédéric montrant à Potsdam l'endroit où il aurait voulu être enterré : « Quand je serai là, je serai sans souci. » Ces paroles mélancoliques de deux hommes, qui avaient cependant connu les joies enivrantes du succès et de la gloire, ne rappellent elles pas les réflexions philosophiques du poète :

Ultima semper
Expectanda dies homini : dicique beatus
Ante obitum nemo supremaque funera debet.

CONCLUSION

Résumons-nous et sur l'homme et sur son œuvre. De simple hobereau et de petit fonctionnaire, Bismarck devient conseiller et député, s'essaye aux grandes affaires, fait de la politique ouverte, se moque des vieux us et allume son cigare en pleine Diète, au mépris du protocole, et devant ses collègues stupéfaits. Il va ensuite à Vienne étudier de près les Autrichiens, à Saint-Pétersbourg étudier les Russes, à Paris étudier Napoléon. Lorsqu'il connaît bien son Europe, il entre au ministère, non pour éviter les conflits mais pour les rechercher, prêt à se quereller avec tout le monde et à se passer de majorité pour accomplir ses grands desseins. C'est à ce moment que le baron de Nothomb, ministre de Belgique à Berlin, pose la fameuse question : « Sera-t-il Richelieu ou sera-t-il Alberoni ?... »

Il ne m'en coûte guère de reconnaître que le prince de Bismarck a été le Richelieu de la Prusse. Mais voici les ressemblances et les différences que je trouve entre ces deux grands hommes d'État.

Le cardinal était, on le sait, souverainement ambitieux. Le chancelier ne l'était pas moins. Le cardinal se sentait supérieur à son entourage; le chancelier connaissait et manifestait sa supériorité. Le premier la révèle aux États de Blois, le second à la diète de Francfort. Comme le cardinal, le chancelier était sans scrupules, fier, hardi, obstiné, indomptable, sévère, cruel même, et n'admettait aucun contrôle, aucune leçon. Comme Richelieu, il faisait de l'orgueil et de la force deux vertus d'État primordiales. Comme lui, il a eu des ennemis puissants, à la Cour, à l'armée, chez les princes et princesses, chez les ministres, les diplomates, les écrivains. Bismarck n'a pas été jusqu'à faire tuer le comte d'Arnim, comme le cardinal a fait tuer Cinq-Mars et de Thou; mais il l'a poursuivi d'une haine sauvage, il l'a destitué, arrêté, condamné et fait mourir en exil. Il n'avait pas besoin d'employer la hache. La façon dont la presse et les tribunaux servaient sa politique lui suffisait. Il a donc supprimé d'Arnim, puis Lasker; il a fait tomber Delbrück, éloigner Bennigsen, Stolberg, Geffcken, Eulenbourg, Kameke et combien d'autres! Il a poursuivi ses rivaux, tel Gortchakov, d'une haine aiguë... Ainsi que Richelieu, il a voulu mettre le pouvoir royal au-dessus de toutes les atteintes. Tous deux ont eu le suprême dédain des hommes et des choses. Tous les deux ont eu l'avantage d'être couverts et protégés par leur roi. Tous deux, ont voulu écraser l'Autriche et faire prédominer sur elle la puissance de leur pays. Le cardinal a réduit les pouvoirs de la noblesse et en a fait la vassale du roi. Le chancelier a réduit les prétentions des petits États et des princes, et en a fait les vassaux de la Prusse. Richelieu a cherché l'unité de la France, Bismarck l'unité de l'Allemagne. Richelieu a désiré un roi puissant, Bismarck un monarque qui fût roi et empereur. Richelieu a entrepris des guerres heureuses et illustré son ministère par des conquêtes, Bismarck a conçu et exécuté trois guerres qui ont justifié son audace et réalisé tous ses rêves. Richelieu a décidé les Allemands eux-mêmes à servir ses desseins, Bismarck a déterminé les États du Sud à combattre d'accord avec la Prusse et, pour prix de leur coopération, les a amenés par d'habiles traités à se placer eux-mêmes sous le joug prussien. L'Alsace, que le grand cardinal avait fait entrer dans le giron français, est arrachée par le chancelier allemand aux mains maladroites et débiles d'un gouvernement qui n'a su ni comprendre ni maintenir les nobles traditions de Richelieu.

L'Europe, que le cardinal a fait trembler, le chancelier la tient pendant quelques années, après 1870, sous sa domination. L'un a fait servir la Hollande, le Danemark, la Suède aux vues françaises. L'autre a fait servir l'Autriche et l'Italie à la politique allemande, en neutralisant provisoirement la Russie. L'un a continué le grand dessein de Henri IV, l'autre le grand dessein de Frédéric II. Tous deux voulaient suivre la carrière des armes et tous deux, sans être vraiment soldats, en ont porté l'uniforme et ont eu l'autorité de chefs d'armée. Tous deux ont lutté pour leurs convictions religieuses dans l'intérêt de l'État, l'un pour sa foi catholique, l'autre pour sa foi protestante. Tous deux enfin ont cherché à assurer par la force le triomphe de leur religion.

Mais là où Bismarck a échoué avec son brutal Kulturkampf, Richelieu a réussi en employant avec adresse et presque simultanément les mesures rigoureuses et les sages transactions.

Et ce n'est pas la seule différence entre ces deux grands hommes d'État. Quelles que soient les difficultés que Bismarck eut à affronter dès son entrée aux affaires, étaient-elles comparables avec la situation épouvantable de la France au lendemain des guerres civiles et religieuses, en face de l'attitude rebelle des princes et des grands seigneurs soutenus par le Parlement et par l'étranger, en face des intrigues insolentes de la Cour et des menaces des protestants, au milieu d'un pays dévasté, sans industrie, sans commerce, sans agriculture, sans travail et presque sans ressources ?... J'ajoute que si, après la réorganisation de l'armée et de l'administration, Bismarck a donné un puissant essor à l'industrie et au commerce allemands, essor qui continue et augmente de jour en jour, il n'a rien fait pour les lettres de son pays et il est permis de dire que l'Allemagne littéraire — qui faisait la juste admiration de Madame de Staël, — est plutôt devenue une Allemagne industrielle et militaire. Cela tient à ce que le chancelier avait un dédain des écrivains et des artistes, presque aussi grand que son dédain de l'humanité. Il n'a point cherché, comme Richelieu, à créer et à perpétuer une Académie à qui serait réservée la mission de maintenir les nobles traditions du style, de l'art et du goût... Enfin, il n'a pu avoir la chance de mourir, comme Richelieu, à l'apogée de sa puissance, respecté et craint de tous. Il n'a pas eu la consolation de dire, comme Richelieu mourant, à son roi : « En prenant congé de Votre Majesté, j'ai la consolation de laisser son royaume plus puissant qu'il n'a jamais été et vos ennemis abattus. » Sans doute, le résultat était le même, mais encore une fois, il ne lui fut pas donné de s'en glorifier. Bismarck n'a donc pas été, comme Richelieu, foudroyé en plein triomphe ; il a eu, au contraire, la douleur, pendant huit longues années, de regretter le pouvoir arraché à ses mains en maudissant tous ceux qui avaient contribué à sa disgrâce et qui osaient imprudemment toucher à son œuvre colossale. Il a laissé des *Pensées* et des *Souvenirs* où les regrets de sa chute, qu'il considérait comme injuste et prématurée, s'étalent à toutes les lignes et où ses adversaires et ses ennemis de tout rang sont traités avec la dernière rigueur. Et que sera-ce, lorsque nous connaîtrons le dernier volume? Richelieu a laissé un testament politique qui est un monument de sagesse impartiale et des Instructions admirables qu'on peut appeler le bréviaire des hommes d'État... Arrêtons-là ce parallèle, mais avouons que le pays qui a eu un Richelieu peut regarder sans jalousie le pays qui a eu un Bismarck.

Ceci dit, revenons directement au chancelier allemand et à son œuvre.

Par le fer et par le sang, par le fer et par le feu, il a vaincu le Danemark, l'Autriche et la France et il espère avoir enchaîné la Russie. La force l'a emporté. La force est l'idole du siècle qui finit. Les peuples qui en ont profité, comme ceux qui en ont souffert, l'acclament et l'adorent, les uns pour avoir triomphé, les autres parce qu'ils espèrent se venger. Les petits États sont opprimés et gémissent. Les grands États, pour la plupart, se jalousent ou se détestent. Des divisions éternelles sont sorties de la dernière guerre. Des convoitises encore inassouvies attendent et guettent l'occasion. La dernière raison des rois et des peuples, la force, ne demande qu'à agir contre le droit. Une tentation monstrueuse de spolier le faible ou le moins puissant se répand partout, irrésistible et fatale.

Ce n'est pas donc tout que d'avoir triomphé. Il faut encore assurer par tous les moyens, permis ou non, la durée du triomphe. Si les Alsaciens-Lorrains, les Polonais, les Hanovriens, les Danois résistent aux lois de la conquête, on voudra dompter leur résistance. Ils tiennent à leur langue, à leurs usages, à leurs règlements. On supprimera tout cela et on élèvera même entre eux et leurs anciens compatriotes une barrière que l'on croira infranchissable. Mais il arrive que ni menaces ni violences ne font céder les vaincus. Alors, on essaiera de la séduction et d'une apparente douceur. Même échec. La force et la ruse ne sont donc pas encore les seules puissances maîtresses dumonde et il faut donc compter avec l'âme d'un peuple qui veut obstinément rester libre et indépendant? Le chancelier étonné regarde autour de lui. Que signifie cette résistance insolente? Comment, lui et les siens sont repus et satisfaits, et l'on entend encore ici et là des plaintes? Comment, après vingt-neuf ans de conquête, les pays annexés sont aussi irréconciliables qu'au premier jour? Et cette ère de bonheur qui devait succéder aux guerres de 1864, 1866, 1870, qu'est-elle devenue? Toutes les puissances arment jusqu'aux dents et se ruinent en fusils, en canons, en projectiles, en cuirassés, en torpilleurs. La force n'est-elle pas triomphante? Oui, mais quel cortège de misères l'accompagne? La violence, la perfidie, l'injustice, la tyrannie, tous les fléaux sont à ses côtés. Combien de temps ce spectacle lamentable frappera-t-il nos yeux?

La conscience crie que la force brutale n'aura qu'un temps. La Providence ne peut, en effet, lui accorder une durée et une puissance illimitées. Dans ses desseins, dont nous ne pouvons percer la trame, elle peut paraître abandonner parfois certaines causes justes, mais cette victoire de l'iniquité n'est qu'éphémère. La diplomatie la plus adroite et la plus rusée ne viendra jamais à bout de la morale qui demeure une force inextinguible et vengeresse. « Les peuples et les individus, écrivait un jour Bismarck à sa femme, la folie et la sagesse, la guerre et la paix, tout vient et s'en va comme la vague, et la mer demeure... » Certains hommes d'une nature et d'un esprit privilégiés peuvent dominer leur temps et bouleverser parfois l'âme des peuples, mais leur adresse et leur force viennent et s'en vont comme la vague, et la conscience demeure indestructible. Toutes les faiblesses, toutes les lâchetés, toutes les complicités se paient tôt ou tard. Ainsi, l'Autriche a contribué à écraser le Danemark. Elle a été punie par Sadowa. La France a laissé écraser l'Autriche. Elle a été punie par Sedan. L'Europe a laissé écraser la France. Elle a été punie, depuis plus de vingt ans, par des agitations et des troubles perpétuels, par une fièvre mortelle d'armements et par une folie de dépenses guerrières. Des milliers d'hommes armés sont prêts à se déchirer, à se détruire. Des tonneaux de poudre et des amas de dynamite, amoncelés sur tous les points du globe, sont prêts à faire explosion. Des guerres terribles vont sortir de la première guerre venue. Les peuples qui succomberont seront qualifiés de peuples inférieurs ou de peuples dégénérés et l'on se moquera de ceux qui n'auront pas su repousser la force par la force. L'Allemagne, qui a triomphé par les armes et qui triomphe aujourd'hui par une immense expansion économique et coloniale, veut qu'on reconnaisse partout sa suprématie et se dit avec orgueil le peuple le plus intelligent, le plus habile, le plus instruit et le plus fort. Aussi tient-elle à continuer l'œuvre de Bismarck et de Guillaume Ier et à dominer l'Europe, par ce qu'elle appelle « l'Empire allemand universel ». Sans doute, telles ou telles puissances européennes feront quelque opposition, mais l'Allemagne passera outre, espérant vaincre toute résistance.

Ce n'est pas seulement la guerre extérieure que l'œuvre de Bismarck a déchaînée et qui, après une certaine accalmie, menace toujours de reprendre, c'est la guerre révolutionnaire. Les mesures violentes employées par lui contre l'Église catholique, les charges écrasantes du service militaire, les déprédations des hommes d'argent et les krachs financiers ont déchaîné le socialisme, ses ambitions et ses fureurs prochaines. J'ai dit la progression effrayante de ce parti qui de 113 000 est arrivé à plus de 2 millions de votants, lesquels appliqueront, eux aussi, la devise effrayante du chancelier : « Par le fer et par le sang » pour affranchir le prolétariat et refaire le vieux monde, « par le fer et par le feu » pour purifier et éclairer la société malade. Il le savait bien et cette pensée troublait ses derniers jours : « Je suis persuadé, disait-il, qu'avant peu de temps la question sociale amènera un cataclysme en Allemagne. Plus tard on prendra des mesures de répression, plus la solution sera sanglante. » On a essayé avec des lois d'exception d'arrêter la propagande et le mouvement socialistes. On n'y a point encore réussi et la force du parti augmente toujours. Comment empêcher son action quand ses chefs disent aux recrues nombreuses qui leur arrivent que les sommes énormes, produit incessant de leur travail, sont uniquement destinées à provoquer des guerres de peuple à peuple, à les arracher à leurs foyers et à couvrir de morts les champs de bataille pour le vain orgueil d'un prince et la satisfaction de quelques généraux ? Voilà qui jette un jour sinistre sur l'œuvre en apparence si éclatante de Bismarck !

Celui qui pour le triomphe de ses projets grandioses a méprisé la justice et la morale, qui a essayé vainement d'amalgamer et de faire vivre ensemble le despotisme et la démocratie, le droit divin et le droit populaire, s'est indigné en ses derniers jours d'être l'objet de l'ingratitude d'un monarque et du délaissement d'un peuple. Il avait mis tout son orgueil et toute sa confiance dans la force et il s'étonnait que la force eût à son tour raison de lui. Un jour même, avec une surprise aussi grande, il constatait ainsi la joie causée par sa chute : « Elle a fait autant d'heureux que la mort de Frédéric le Grand. Tous les bons amis respiraient, humaient l'air et s'écriaient : Enfin !... » Ces paroles amères m'ont rappelé le récit émouvant de la mort du grand Frédéric par Mirabeau : « Pour moi qui l'ai vu, qui l'ai entendu, moi qui nourrirai jusqu'au tombeau le doux orgueil de l'avoir intéressé, je frémis encore, et mon âme s'indigne du spectacle qu'offrit Berlin à mes yeux stupéfaits, le jour de la mort du héros qui fit taire d'étonnement ou parler d'admiration l'univers. Tout était morne, personne n'était triste. Tout était occupé, personne n'était affligé. Pas de regret, pas de soupir, pas un éloge ! Ah ! C'est donc encore la plus utile des spéculations privées que d'être bon ! » Ainsi la puissance et la gloire ne sont pas tout. Aux grands ministres comme aux grands rois il ne suffit pas, pour vivre dans la mémoire des peuples, d'être admiré, d'être obéi, d'être craint... Il faut encore être aimé.

Maintenant, pour nous Français, que doit-il ressortir de l'étude de ce puissant homme d'État, adversaire acharné de tout ce qui pouvait empêcher la grandeur et la prospérité de sonpays ? C'est qu'il faut, en se gardant de ses injustices et de ses violences, avoir la même ardeur pour les intérêts de la patrie, la même confiance en elle, et pour cela maintenir fidèlement les traditions d'autorité, de respect, de religion sans lesquelles tout irait à la dérive, se serrer étroitement autour du drapeau aux trois couleurs, « ne pas permettre à l'étranger, comme le disait Bismarck, de mettre ses doigts dans notre omelette nationale », écarter les détracteurs du passé et les douteurs de l'avenir, les ironistes, les corrupteurs et les ennemis de tout idéal, essayer de rendre à notre sol sacré, avec ses limites naturelles, toute sa force et toute sa vitalité, se rappeler qu'il peut en sortir à l'heure nécessaire, comme nous l'avons vu récemment encore, une phalange de héros; enfin croire, dire et répéter que la France est toujours la nation noble et généreuse, avide d'honneur et de gloire.

L'historien a le droit de penser et de parler ainsi. Un Schopenhauer a pu appeler dédaigneusement la philosophie historique « un vrai mensonge »; un Nietzsche a pu vouloir rendre « l'histoire responsable de toutes les misères et de toutes les décadences ». Est-il défendu de répondre à ces deux sophistes allemands que, s'ils maltraitent ainsi l'histoire, c'est parce qu'ils ont peur de ses leçons et de ses arrêts? Pour nous, qui n'avons pas les mêmes craintes, disons hautement, devant ce Bismarck qui a été l'apôtre brutal et convaincu de la force, que la France qui, de toutes les nations du monde, possède les traditions les plus belles et les plus glorieuses, ne serait plus la France, si elle ne s'appuyait que sur la force et non sur la conscience et le culte du devoir.

BIBLIOGRAPHIE

Bismarck Briefe (1836-1872) publiées par Horst-Kohl. Leipzig, 1897.

Politische Briefe (1849-1889). 4 vol. in-8. Berlin, 1889-1893.

Correspondance diplomatique de M. de Bismarck (1851-1859), traduite par M. Schmit, avec préface par M. Th. Funck-Brentano, 2 vol. in-8, chez Plon et Cie, 1883.

Lettres confidentielles de M. de Bismarck, publiées par Henri de Poschinger (traduction de M. Lang), 1 vol in-18, — 1885, Paris.

Correspondance du général de Gerlach avec le conseiller Otto de Bismarck, publiée par Horst-Kohl. Berlin, 1893, 1 vol. in-8.

Discours de Bismarck. — Edition allemande, par Boehm et Dove, Stuttgart et Berlin, 1899. 20 vol. in-8.

(Edition française chez Michel Lévy, Sandoz, Fischbacher et Wieveg. 15 vol., in-8).

Bismarck Jahrbuch, publié par Horst-Kohl, 6 vol. in-8, Berlin (1893-98).

Das Buch von Grafen Bismarck, publié par Hesekiel. Bielefeld, 1869.

Pensées et Souvenirs du prince de Bismarck (traduction de M. Jaeglé), 2 vol. in-8 avec portrait, chez Le Soudier, Paris, 1899.

Quelques pages secrètes de l'histoire de Bismarck, par Moritz Busch, paru sous le titre faux de « Mémoires de Bismarck », chez Fasquelle, 2 vol. in-18, Paris, 1898.

Le comte de Bismarck et sa suite pendant la guerre de 1870, par Moritz Busch, chez Dentu, 1 vol. in-18, Paris, 1879.

Unzer Kanzler, par Moritz Busch. Stuttgart, 1881, 1 vol. in-8.

Blum (Hans). — *L'Empire allemand au temps de Bismarck*, Berlin, 1893, 1 vol. in-8.

— *Souvenirs personnels sur le prince de Bismarck*, Munich, 1900, 1 vol. in-8.

Fürst Bismarck nach seiner Entlassung, par Johannes Penzler, Leipzig, 1897, 7 vol. in-8.

Baron Heckedorn. — *Bismarck*, 1 vol. in-18, Dentu, Paris, 1896.

Ed. Heyck. — *Bismarck*, Bielefeld et Leipzig, 1 gr. vol., in-8, 1898.

De Bulow. — *Neue Bismarck Errinerungen*, 2 vol., in-8, Berlin, 1895.

Hahn. — *Fürst Bismarck*, 5 vol. in-8, Berlin (1878-1891).

Lefebvre de Béhaine. — *Léon XIII et le prince de Bismarck*, 1 vol. in-12, 1899, chez Lethielleux, Paris.

Voir pour les divers incidents de sa vie diplomatique, politique ou intime les ouvrages de Benedetti, Jules Favre, Rothan, marquis de Gabriac, duc de Broglie, Albert Sorel, J. Valfrey, A. Proust, Vilbort, A. Pigeon, Bamberger, Tiedemann, J. Klaczko, Edouard Simon, Andler, Charles Benoist, Chéradame, Brachvogel, Klee, Lothar Bücher, Roon, Bernhardi, Sybel, Abeken, etc.

Consulter aussi : *Le Catalogue des Œuvres de Bismarck*, publié par les libraires de Berlin à l'occasion de son 80e anniversaire, le 1er avril 1895.

TABLE DES MATIÈRES

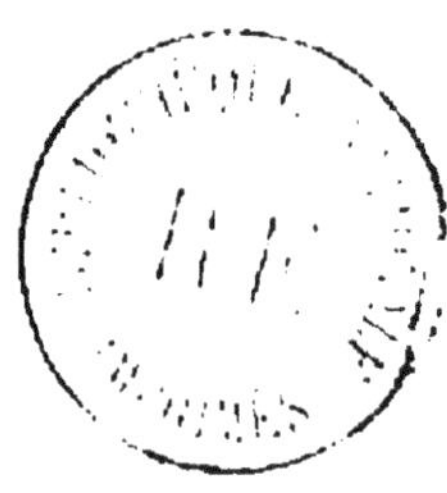

CHARTRES. — IMPRIMERIE DURAND, RUE FULBERT.

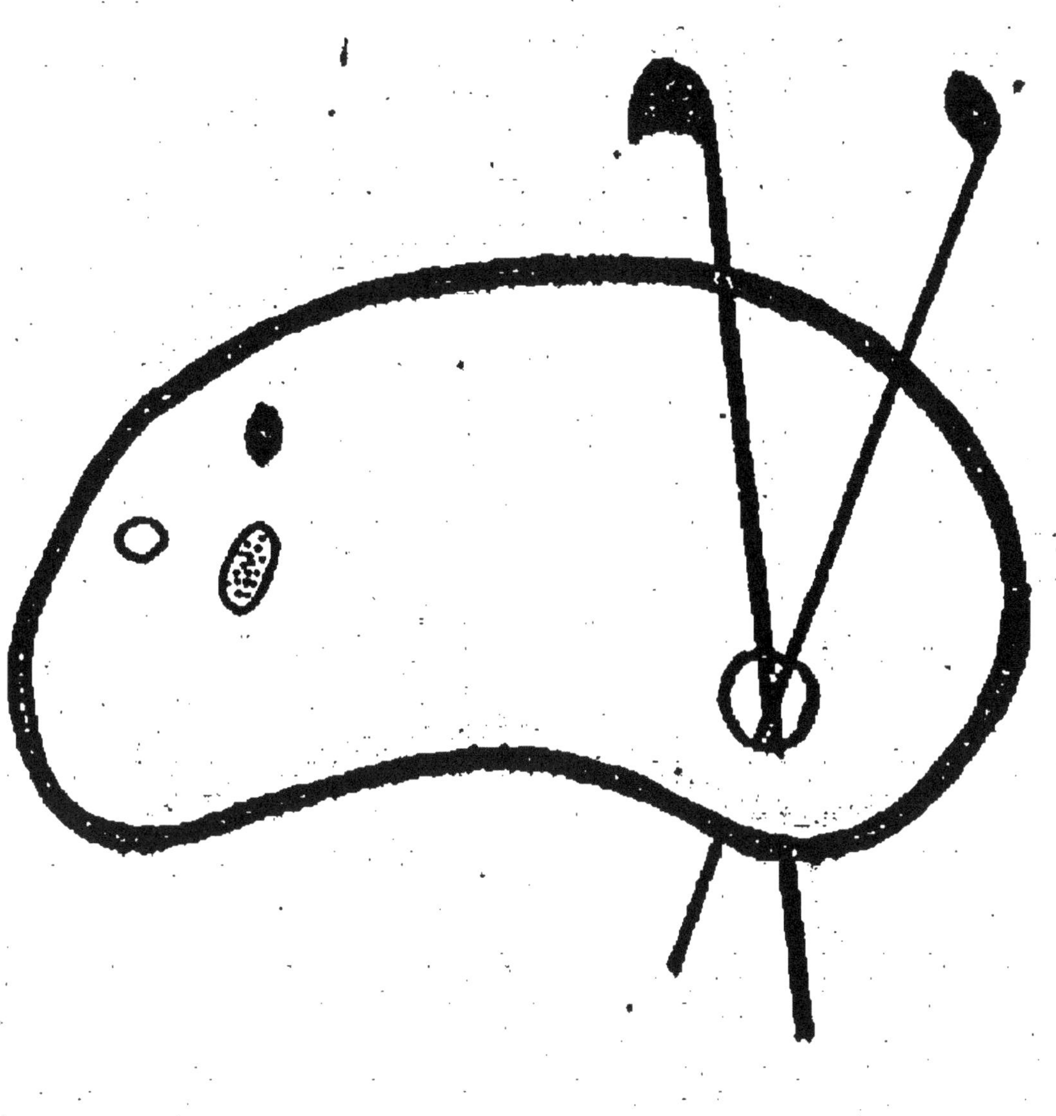

www.ingramcontent.com/pod-product-compliance
Ingram Content Group UK Ltd.
Pitfield, Milton Keynes, MK11 3LW, UK
UKHW012210240726
13966UKWH00002B/681